AF396864

A NOSSEIGNEURS,

NOSSEIGNEURS
du Parlement.

SUPLIE humblement Charles Languet Conseiller du Roi, Lieutenant Civil aux Bailliage & Chancellerie d'Arnay-le-Duc, y demeurant, Seigneur en toute Justice, haute, moyenne & basse de Sivry-les-Arnay, Intimé, & Apellant de Sentence renduë en la Chambre du Domaine, le 24. Janvier 1733.

CONTRE Dame Marie Judith de Vienne, Veuve de Messire Joseph-François Damas, Marquis d'Antigny, mere & tutrice à leurs enfans, & en cette qualité poursuivant le Jugement de l'apellation par lui interjettée de ladite Sentence.

ET DIT, que le 23. Janvier 1733. quelques heures avant que la Sentence dont est apel fut renduë, le feu Sieur Marquis d'Antigny lui fit signifier un Mémoire imprimé en 75. pages.

Dans le peu de tems qu'il restoit, il ne fut pas possible de répondre à ce Mémoire chargé de faits déguisez, de questions importantes & d'incidens de procédure.

Le Supliant se croit obligé de faire aujourd'hui ce qu'il ne pût faire alors, & de rassembler dans la presente Requête tous les faits, les circonstances & les moyens qui furent déduits en premiere instance, afin que par la lecture d'une seule piéce, la Cour, & chacun de Messieurs en particulier, soient instruits de l'état auquel étoit le procès, lorsqu'il fut jugé par la Sentence dont est apel, se réservant de répondre dans la suite à ce que pourra écrire & produire en cause d'apel la Dame d'Antigny, qui a repris l'instance après la mort du Sieur son époux.

La principale question de ce procès concerne la mouvance de la Seigneurie de Sivry : le Sieur Marquis d'Antigny prétendoit que cette Seigneurie est un arriere-fief qui releve d'Antigny : le Supliant au contraire a toûjours soutenu que Sivry qui autrefois étoit membre & faisoit partie de la Baronie d'Antigny, quoique détachée & alienée presentement, releve immédiatement & en plein fief du Roi, à cause de son Duché de Bourgogne.

Pour l'avoir pensé ainsi, le Supliant a-t-il dû être exposé à l'éclat & aux suites d'une saisie féodale ? sa Terre sera-elle confisquée, & la confiscation en apartiendra-t elle, non pas au Seigneur des mains duquel elle est liberalement sortie à la seule charge des devoirs de Fief ; mais à celui qui l'a venduë à prix d'argent ? & ce vendeur qui l'a alienée avec conduite & garantie, sans rien exiger que le payement du prix, en dépoüillera-il l'aquereur ? & aura-il à la fois & la chose ameliorée & le prix ?

Le Supliant n'ignore pas que tout Vassal qui possede une Terre, est obligé d'en rendre les devoirs & de reconnoître le Seigneur direct qui l'a donnée en Fief ; aussi s'est il mis en regle, en rendant foi & hommage au Roi de celle de Sivry : car les devoirs sont dûs à jamais au Seigneur qui a donné, & non à celui qui ensuite a vendu, & qui en vendant, n'a pû priver de sa mouvance le Seigneur qui lui avoit donné le Fief.

Comme ces questions interessent la Couronne, dont les Fiefs sont un des biens les plus précieux, le Procureur du Roi en la Chambre du Domaine, est intervenu au Procès, & a réclamé pour Sa Majesté la mouvance de Sivry, que la Sentence dont est apel lui ajuge, en faisant droit, tant sur l'intervention de cet Officier, que sur les conclusions du Supliant ; il s'agit de sçavoir si ce chef doit être confirmé, les autres sont, ou moins importans, ou dépendent en partie de la décision de celui-là.

Dans le fait, le Supliant a l'honneur d'observer à la Cour qu'après la mort du Sieur Philipes Languet son pere, le Sieur Marquis d'Antigny pere fut prié, comme il l'avoit déja été auparavant, de remettre au Supliant les Terriers de la Terre & Seigneurie de Sivry, avec les autres Titres & Enseignemens qui pouroient l'instruire des droits & dépendances de cette Terre, ainsi que de la mouvance, pour en rendre les foi & hommage à qui il apartiendroit, & en fournir le dénombrement.

Le Sieur Marquis d'Antigny differa toûjours cette remise & communication des Terriers & autres Titres, quoique par le contrat de vente que firent ses auteurs de la Terre & Seigneurie de Sivry, il ne soit pas dit qu'aucune remise de Titres & Papiers ait été faite à l'aquereur, & que par ceux que la Partie averse a produits lui-même, il soit prouvé que les Terriers de Sivry & autres Titres sont en sa puissance.

En l'année 1724. le Sieur Marquis d'Antigny pere donna au Sieur son fils, en le mariant, le Marquisat d'Antigny, ce qui fut inconnu au Supliant, comme à bien d'autres.

Il est des régles qu'à chaque mutation qui arrive de la part du Seigneur, il doit instruire ses Vassaux qu'il est nouveau Seigneur, afin qu'ils puissent lui faire les devoirs de Fief ausquels ils sont obligez : la Coutume de Paris en a une disposition qui doit être observée dans la nôtre qui ne contient rien de précis à cet égard, parce que c'est le Droit Commun, fondé sur l'équité naturelle, qui ne veut point que les Vassaux soient tenus de deviner les mutations qui arrivent par des conventions particulieres, qui ne sont connuës que de ceux qui les sont.

Le 6. Novembre 1728. le Sieur Marquis d'Antigny, sans avoir instruit le Supliant de son contrat de mariage, fit saisir en vertu d'un prétendu Débitis, auquel il a donné trois dates differentes, non pas la Terre de Sivry, mais les fruits, revenus, pensions & amodiations de la portion de Seigneurie de Sivry, possedée par le Supliant, sans expliquer en quoi consiste cette portion de Seigneurie, & sans rien spécifier, de crainte que le Supliant, à qui l'on retient ses Titres & Terriers, ne fut trop instruit par un détail qui néanmoins étoit nécessaire.

Dans la commission particuliere, donnée sous écriture privée par la Partie averse au Sergent, il date son prétendu Débitis du 10 Novembre 1727. dans l'exploit de saisie on le date, tantôt du 22. tantôt du 28. & dans l'Apointement rendu par défaut au Bailliage d'Arnay-le-Duc, sur les requisitions du Sieur d'Antigny, on le date encore du 10.

Le Supliant ayant soutenu que ces variations rendoient le prétendu Débitis bien suspect, & faisoient naturellement penser qu'il n'avoit jamais existé, ou qu'il étoit suranné ; le Sieur Marquis d'Antigny, pour remplacer cette piéce, s'est fait delivrer une copie collationnée d'un Débitis, qu'il date du 22. Novembre 1727. sans apeller la Partie à cette collation, de laquelle il n'a fait donner copie que le 30. Décembre 1732. plus de quatre ans après que a saisie a été faite.

Les raisons qu'eut le Sieur Marquis d'Antigny de cacher son Débitis, ſi véritablement il en avoit un , étoient peut-être que cette commiſſion émanée de la Chancellerie, étoit pour toute autre choſe que pour une ſaiſie féodale, car la copie collationée qui en eſt enfin produite eſt ainſi conçuë : *Te mandons que tous les debts bons & loyaux qui t'apperront lui être dûs par contrats , obligations , promeſſes reconnuës , manuels & pour vente d'herbes de prez , tu les lui faſſes payer.*

Bien loin que ce ſoit là une commiſſion particuliere pour faire une ſaiſie féodale, on peut dire qu'elle ne contient pas même par une expreſſion generale, le pouvoir de ſaiſir féodalement, à quoi le Sieur Marquis d'Antigny ne ſongeoit point lorſqu'il l'obtint.

Par Exploit du 20. Décembre 1728. le Supliant fut aſſigné au Bailliage d'Arnay-le-Duc, pour la mainlevée de la ſaiſie prétendue féodale.

Le 31. Janvier ſuivant, il y eut jugement par défaut contre le Supliant, lequel ordonna qu'il remettroit ſes piéces au juge, & que ceux entre les mains de qui on avoit ſaiſi, viendroient affirmer leur déclaration à la premiere Audience.

Apel de la part du Sieur Marquis d'antigny ; quoique ce fût lui-même qui eût fait rendre le jugement par défaut qui ne lui faiſoit aucun grief.

La Cauſe fut miſe au Rolle public, & le Sieur Marquis d'Antigny qui crut que les régles judiciaires n'étoient pas faites pour lui ; s'aviſa de former à la Barre une demande verbale en évocation du principal, ainſi qu'il en conſte par l'Arrét qu'il a produit lui-même ſous cote premiere.

Il n'eſt donc pas véritable comme il l'a dit dans la ſeconde page de ſon Factum , qu'il eût donné une Requéte en évocation du principal.

Il ſeroit à ſouhaiter pour le Supliant que les Agens du Sieur Marquis d'Antigny ne fuſſent tombez dans des erreurs volontaires, que ſur des faits auſſi indifferens que celui-là.

L'Avocat du Supliant, en ſe bornant à l'article d'apel, ſoutint à la même Audience que le principal n'étoit ni inſtruit, ni évoqué, ni évocable ; qu'au reſte le procès étoit de trop grande conſéquence pour le juger ſur une ſimple évocation formée à la Barre, qu'il avoit reconnu par quelques piéces qu'on venoit de ſignifier à la Partie, que Sivry étoit dans la mouvance du Roi, & non en celle du Marquiſat d'Antigny ; qu'ainſi au lieu de juger le principal, il faloit le renvoyer pardevant les Juges qui en devoient connoître.

Les Parties ayant été oüies & Mrs. les Gens du Roi, il y eut Arrêt le 5. Décembre 1729. qui renvoya le principal à la Chambre du Domaine, & condamna le Supliant aux dépens.

Le 15. du même mois, le Sieur Marquis d'Antigny donna ſa Requête à la Chambre du Domaine, par laquelle il demanda la commiſe du Fief ſervant de la Tour de Sivry ; non ſeulement parce que le Supliant s'en étoit mis en poſſeſſion ſans ſon conſentement, mais encore pour l'avoir déſavoüé, en déclarant qu'il ne connoiſſoit que le Roi pour Seigneur dominant de Sivry.

Par une ſeconde Requéte du 26. Juillet 1730. il demanda d'être maintenu au droit de Fief & hommage ſur l'ariere-Fief de Sivry à caufe de fon Marquifat d'Antigny ; en conféquence que pour avoir été défavoüé dans un efprit d'injure de la part du Supliant, cet ariere-Fief fût confifqué à fon profit, & le Supliant condamné à la reftitution des fruits & revenus, à compter du jour de fon induë entremife.

Le Sieur Procureur du Roi de la Chambre du Domaire, connoiffant que la conteftation intereffoit les droits de la Couronne, ayant formé fa demande en intervention le 28. Décembre 1730. cette intervention fut reçuë par Apointement du 29. qui déclara commun avec lui un Apointement à écrire & produire précedemment rendu entre les Parties.

Le Supliant de fon coté, conclut par Requête du 5. Janvier 1731. à ce que fans avoir égard à celles du Sieur Marquis d'Antigny, la Terre & Seigneurie de Sivry & dépendances, en ce qui en apartient au Supliant, fût déclarée mouvante immédiatement en plein Fief du Roi, comme ayant fait partie de la Baronnie d'Antigny, &c.

Outre ces conclufions principales, il y en eut d'autres refpectivement prifes. Par Requête du 28. Juillet 1732. le Supliant forma opofition au dénombrement donné par le Sr. Marquis d'Antigny.

Et par autre Requête du 17. Décembre de la méme année, il demanda que tout ce qui fe trouveroit compris dans ledit dénombrement, concernant la Terre & Seigneurie de Sivry, en ce qui en apartient au Supliant, en feroit rayé comme mouvant immédiatement & en plein Fief du Roi. Dans cette méme Requête, le Supliant raffembla toutes les conclufions qu'il avoit prifes jufqu'alors, de méme que dans fon Factum fignifié le 7. Janvier 1733. lefquelles conclufions tendoient à ce que fans avoir égard aux Requêtes du Sieur Marquis d'Antigny, faifant droit fur l'opofition formée par le Supliant au dénombrement du Marquifat d'Antigny donné depuis l'inftance, il fût ordonné que tout ce qui fe trouve compris audit dénombrement concernant la Terre & Seigneurie de Sivry, en ce qui en apartient au Supliant, foit rayé, & ladite Terre & Seigneurie déclarée mouvante immédiatement & en plein Fief du Roi, comme ayant fait partie de la Baronie d'Antigny : qu'en déclarant nulles tant par les moyens de la forme que du fond, les faifies du 6. Novembre 1728. main levée en fût faite au Supliant avec interets : & fous le bénéfice de fa foumiffion de faire foi & hommage au Roi de la Terre & Seigneurie de Sivry, & d'en fournir à Sa Majefté, aveu & dénombrement, à la forme de la Coutume, après que le Sieur Marquis d'Antigny lui auroit remis les titres, papiers, & enfeignemens, concernans ladite Terre, ledit Seigneur d'Antigny fût condamné à lui rendre & reftituer tous lefdits titres, terriers, papiers & enfeignemens qui font en fa puiffance, concernans ladite Terre, ou à fouffrir qu'il faffe prendre des copies collationées defdites pieces, qui pouront lui être néceffaires, fi aucures font, & à aider le Supliant des originaux, lorfqu'il en aura befoin : qu'il fût ordonné que la copie informe d'une prétenduë tranfaction ou arbitrage du 19. Avril 1619. de méme que les autres copies collationées ou informes, produites par le Sieur Marquis d'Antigny fuffent rejetées du Procès ; & où ladite tranfaction feroit réputée être en forme, audit cas la déclarer nulle & de nul effet, conformément aux Ordonnances.

Le Sieur Marquis d'Antigny ayant compris dans fon dénombrement la Terre de Sivry, membres & dépendances, comme relevans de lui, & un peu après dans le même article ayant raporté la Terre de Sivry à la part de la Vefvre, avec la dixme de Sivry en dépendant, & dans l'article des Villages que ledit Sr. de Damas dit encore relever de lui en fa qualité de Seigneur d'Antigny, ayant compris Sivry pour une troifiéme fois, le Supliant donna fa Requête le 29. Décembre, pour le faire expliquer nettement fur ce qu'il entendoit comprendre dans fon dénombrement fous ces trois differens noms de Sivry; fur quoi le Sieur Marquis d'Antigny répondit par un Plaidé du 31. Décembre 1732. qu'il avoit entendu comprendre dans fon dénombrement le Fief de Sivry, tel que le poffédé aujourd'hui ledit Sr. Languet, & que l'ont poffédé fes auteurs, tantôt fous la dénomination de la Tour de Sivry, tantôt fous celle de la Terre & Seigneurie de Sivry.

A la vûë de cette déclaration, on ne pouvoit pas fe difpenfer de demander, comme on fit, que tout ce qui étoit compris audit dénombrement concernant la Terre & Seigneurie de Sivry, apartenant au Supliant, fût rayé, & que la Seigneurie de Sivry, avec fes membres & dépendances fût déclarée mouvante immédiatement & en plein Fief du Roi.

Par Requête du 14. Janvier 1733. le Supliant demanda que certaines pièces informes produites au Procès fuffent rejettées, entre autres celle que la Partie averfe a produite fous cotte 37.

Le Sieur Marquis d'Antigny ayant employé dans differens écrits, mais fingulierement dans la Requête du 14. Juillet 1732. des termes injurieux contre le Supliant, qui affurément ne fe les étoit pas atirez; le Supliant en demanda réparation par fa Requête du 14. Janvier 1733. le Sieur Marquis d'Antigny par fa Requête refponfive du 21. Janvier 1733. ajouta de nouvelles injures à celles qu'on avoit déja écrites fous fon nom, & ne fit point fcrupule de conclure à mille livres de dommages & interéts, & à une réparation de ce que fon prétendu Vaffal avoit ofé lui en demander une.

Telles étoient à peu près les demandes, fins & conclufions des Parties, lorfque le Procureur du Roi de la Chambre du Domaine, donna fes moyens d'intervention qui furent fignifiez aux autres Parties, à ce que fans avoir égard à la tranfaction du 19. Avril 1619. non plus qu'à tous les actes de reprifes de Fief pour le regard de la mouvance de la Terre & Seigneurie de Sivry-lès-Arnay, membres & dépendances; le tout fût déclaré mouvant immédiatement, & en plein Fief de Sa Majefté.

Sur toutes ces differentes conteftations, intervint Sentence en la Chambre du Domaine le 24. Janvier 1733. laquelle prononce en ces termes. *Vû les conclufions des Gens du Roi à qui le tout a été communiqué, &c.*

„ La Chambre fans s'arrêter aux Requêtes dudit Damas Marquis
„ d'Antigny des 15. Décembre 1729. 26. Juillet 1730. & 21. du préfent
„ mois, ayant aucunement égard à celle dudit Sieur Languet du 5. Jan-
„ vier 1731. aux offres & foumiffions y contenuës, & faifant droit fur les
„ requifitions des Gens du Roi, & les conclufions par eux prifes tant dans
„ leur Requête du quatorziéme du préfent mois qu'au Procès, en déclarant
„ l'acte en forme de tranfaction du dix-neuviéme Avril mil fix cens
„ dix-neuf, tous les actes de reprifes de Fief & dénombrement donnez
„ en conféquence d'icelui, de même que la reprife de Fief du deuxiéme
„ Octobre 1589. nuls, & de nul effet, comme contraires aux droits de la

B

Couronne & aux Ordonnances Royaux, a dit & déclaré, dit & déclare
» que ladite Terre & Seigneurie de Sivry-lès-Arnay, membres & dépen-
» dances, & tout ce qui en est possédé, & apartient audit Sieur Languet,
» sont mouvans immédiatement, & doivent relever en plein Fief du Roi.

» En conséquence condamne ledit Languet de son consentement, &
» suivant ses soumissions, d'en rendre incessament les foi & hommage à
» Sa Majesté dans les formes prescrites & acoutumées, & d'en fournir les
» aveux & dénombremens dans les délais de la Coutume, le tout aux rei-
» nes d'icelle.

» Ayant pareillement égard à l'oposition formée par ledit Languet au
» dénombrement du Marquisat d'Antigny, présenté par ledit Damas,
» le 28. Juillet dernier, & y faisant droit, sans s'arrêter aux Requê-
» tes dudit Damas des 4. Août dernier, & 8. de ce mois, pour ce qui
» concerne ledit Languet seulement, a ordonné & ordonne, conformément
» à l'explication & déclaration faite par ledit Damas dans son Plaidé du
» 31. Décembre dernier, que les articles dudit dénombrement concernans
» la Terre & Seigneurie de Sivry-lès-Arnay, membres & dépendances d'i-
» celle, ainsi que le tout est possédé par ledit Languet, exprimez audit
» dénombrement, comme tenus en arriere-Fief, mouvant & relevant dudit
» Marquisat d'Antigny, en seront rayez & retranchez.

» Et sur les requisitions des Gens du Roi, a fait & fait défense aud.
» Sieur Damas & à ses successeurs, de les comprendre à l'avenir, tant dans
» ledit dénombrement que dans les subséquens; sauf à être par lad. Cham-
» bre séparément pourvû sur les plus amples fins de la Requête dudit
» Damas dudit jour 4. Août, pour la réception & enrégistrement de sordit
» dénombrement pour le surplus de ce qui y est contenu, ainsi qu'il
» apartiendra; auquel effet ladite Requête & ledit dénombrement seront
» distraits de la production dudit Damas, & rétablis au Greffe de ladite
» Chambre.

» Laquelle en conséquence, a fait & fait audit Languet pleire & défi-
» nitive main-levée des fruits & revenus desdites Terres & Seigneuries
» de Sivry, compris dans les saisies du 6. Novembre 1728. & autres
» échûs depuis, de tous lesquels les Séquestres, Gardiens & Dépositaires
» demeurent bien & valablement déchargez; & sur la demande dudit
» Languet en dommages & interêts réels & honoraires desdites saisies, à
» mis & met les Parties hors de Cour.

» Prononçant sur les demandes dudit Languet en restitution de titres &
» papiers, terriers & autres enseignemens concernans ladite Terre & Sei-
» gneurie, apartenances & dépendances d'icelles; ladite Chambre a con-
» damné & condamne ledit Damas à les lui remettre, moyennant bonne
» & sufisante décharge dans trois mois après signification du présent Ju-
» gement, si mieux il n'aime souffrir que dans ledit délai, ledit Languet
» n'en fasse prendre à ses frais des extraits sur les originaux, qui seront à
» cet effet représentez par ledit Damas, qui audit cas sera tenu d'aider
» ledit Languet des originaux à toutes requisitions.

» Et où ledit Damas prétendroit n'avoir aucuns terriers, titres, papiers
» & enseignemens concernans la propriété desdites Terres, Seigneuries,
» droits, apartenances & dépendances d'icelles; ordonne ladite Chambre
» qu'il se purgera par serment, pardevant le Commissaire Raporteur du
» Procès, qu'il n'en a aucuns en sa puissance, ni ne cesse de les avoir
» sciemment par dol, fraude, ou autrement.

Sur la demande dudit Languet, formée par fa Requête du 14. de ce mois, „
en réparation & radiation de termes par lui prétendus injurieux, & en ajudica- „
tion de dommages & intérêts en réfultans ; enfemble fur celle dudit Damas „
du 21. de ce mois, en déboutement de ladite demande, & ajudication „
de mille livres de dommages & intérêts pour l'avoir formée, & fur „
toutes autres & plus amples demandes defdits Damas & Languet, les a „
mis & met hors de Cour & de Procès, „

Prononçant fur les plus amples requifitions des Gens du Roi con- „
cernant l'enregiftrement qui a dû être fait au Bureau des Finances de „
cette Generalité, à la forme des Edits, Reglemens & Arrêts du Con- „
feil, des Lettres d'Erection de la Baronie & Marquifat d'Antigny, en „
date du mois de Septembre 1654. produites par ledit Damas fous cotte „
39. a ordonné & ordonne, que pour y être fait droit lefdits Gens „
du Roi fe pourvoiront au Bureau des Finances, ainfi qu'ils aviferont „
bon être. „

Condamne ledit Damas aux deux tiers des dépens de la prefente „
Inftance ; l'autre tiers entre les Parties compenfé, non compris en iceux „
les épices & conclufions qu'elle a declarées pour le tout, à la charge dudit „
Damas qui y demeure condamné. „

Et fera le prefent Jugement exécuté à la forme des Edits, Decla- „
rations & Reglemens donnez fur la Jurisdiction de ladite Chambre du „
Domaine, „

Cette Sentence n'étoit pas encore fignée, que le Sieur Marquis d'Antigny en interjeta apel le même jour qu'elle fut rendüe, pour metre le
Supliant dans la neceffité de la lever ; il la leva en effet, en interjeta
apel lui-même aux Chefs qui lui font griefs, & la fit fignifier le 13. Août
1733. fous toutes referves & proteftations.

Le 19. Novembre fuivant il reprit de Fief à la Chambre des Comptes de la Terre & Seigneurie de Sivry, membres & dépendances, & fe
foumit d'en fournir le dénombrement dans le tems de la Coutume, après
neanmoins que les conteftations qui font entre lui & le Sieur Marquis
d'Antigny feront jugées à la Cour, le tout conformement à la Sentence
dont eft apel.

Dans l'Apointement de conclufions qui eft du 17. Janvier 1736. le
Sieur Marquis d'Antigny a conclu, à ce que fans s'arrêter à l'opofition qu'a formée le Supliant à fon denombrement, dans laquelle il fera
declaré non recevable, en tout cas mal fondé, ni à fon apellation du
24. Janvier 1733. prononçant fur la fienne, icelle, & ce ; & par nouveau
Jugement, que pour avoir fait refus par ledit Sieur Languet audit Sieur
Marquis d'Antigny, des devoirs de Fiefs qu'il lui doit à caufe de fon châ-
tel & maifon forte d'Antigny, pour la Terre & Seigneurie de Sivry,
& pour avoir témerairement & à efcient, & contre fa propre connoiffance, defavoüé ledit Sieur d'Antigny pour fon Seigneur, ledit Fief de la
Tour & Seigneurie de Sivry lui demeurera confifqué par droit de Commife avec reftitution des fruits faifis & revenus dudit Fief ; prononçant
fur fa Requête du 21. Janvier 1733. dire que témerairement, & fans
fujet le Supliant a demandé par la fienne du 14. du même mois, qu'il foit
condamné à lui demander pardon, & lui faire reparation des prétendus
termes injurieux qu'il a fupofez lui avoir été dits dans les écrits dudit
Sieur d'Antigny, qu'il fera débouté de cette demande & condamné à mille
livres de dommages & intérêts.

De la part du Supliant il a été conclu, à ce que sans s'arrêter aux conclusions du Sieur Marquis d'Antigny, ni à son apellation ; faisant droit sur la sienne, icelle & ce soient mis à néant, en ce qu'il n'a pas été prononcé sur la radiation des termes injurieux mentionez dans les écrits de Mr. d'Antigny, notament dans sa Requête du 14. Juillet 1732. répetez par la Requête du Supliant du 14. Juillet 1733. ordonner que lesdits termes seront biffez & rayez tant sur l'original que la copie, en ce que les Parties ont été mises hors de Cour sur les dommages & interéts des saisies injurieuses ; corigeant pour ce regard, condamner ledit Sieur d'Antigny ausdits dommages & interêts, selon qu'ils seront reconnus, si mieux il ne plaît à la Cour les regler d'office ; & en ce que le tiers des dépens ont été compensez, corrigeant, condamner ledit Sieur d'Antigny en tous les dépens de la premiere instance, & en ceux de la Cause d'apel.

Tel est l'état actuel du procés qui est composé de deux qualitez, de l'apellation du Sieur Marquis d'Antigny, & de celle du Supliant.

Apel du Sieur Marquis d'Antigny.

Par l'Apointement de conclusions il paroît que le Sieur Marquis d'Antigny se plaint de la Sentence dont est apel, presqu'en tout cequ'elle contient, & principalement en ce qu'elle ne lui a pas ajugé les fruits saisis, & la commise de la Terre & Seigneurie de Sivry. Si donc le Supliant établit que la saisie prétenduë féodale, est nulle, & que Sivry est dans la mouvance du Roi, & non dans celle du Sieur d'Antigny ; il suivra de là que son apellation est sans fondement.

Or ces deux propositions fondées sur un grand nombre d'autoritez, sont exactement vraies, mais les preuves sont de détail, & demandent toute l'atention de la Cour.

PREMIERE PROPOSITION.

La saisie est nulle dans la forme.

PREMIERE NULLITE.'

QUoiqu'en dise le Sieur Marquis d'Antigny, les trois differentes dates qu'il a données à son prétendu debitis, le rendent très-suspect : il prétend qu'il a adhiré cette piéce, marque qu'il en faisoit peu de cas, & qu'il ne la regardoit pas comme une commission pour saisir ; quand le fait seroit vrai, ne devoit-il pas l'avoir, lorsqu'il fit la saisie le 6. Novembre 1728. & alors pourquoi lui donna-t-on trois dates differentes ? on lui en a fait l'objection dès le 5. Janvier 1731. deux ans après il a signifié une copie de ce prétendu debitis collationée & sans date ; & il n'a pas jugé à propos d'apeller la Partie à cette prétenduë collation. Les Arrêts de la Cour veulent que toute collation faite sans Partie apellée, soit rejetée, & qu'on n'y ajoute pas foi. Au reste la Cour est très-humblement supliée d'observer que de trois dates qu'on a données au debitis ; il y en a nécessairement deux de fausses ; c'est donc en vertu d'un faux debitis que la saisie prétenduë feodale a été faite : un exploit d'offre en matiere de retrait lignager, dont la date ne seroit pas certaine ; & s'il en

avoit trois, dont deux seroient nécessairement fausses, & la troisiéme dou-
teuse, en sorte qu'on ne pût pas la distinguer de celles qui sont fausses,
seroit sans doute un exploit nul, & seroit tomber le retrait, où tout
est de rigueur. Par la même raison la saisie feodale étant de rigueur &
odieuse de sa nature, selon tous les Auteurs, le moindre défaut dans la
forme est suffisant pour la faire déclarer nulle : or on ne peut pas douter que
la fausseté de la date dans la commission, sans laquelle il n'est point loi-
sible de saisir feodalement, ne soit un défaut essenciel dans la saisie.

SECONDE NULLITE.

Lorsque la mutation est arrivée de la part du Sieur d'Antigny, il n'en
a pas instruit son prétendu Vassal : la Coutume de Paris, art. 65. d'Orléans, art. 60. 61. & 62. Melun, art. 43. Sens, art. 195. Auxerre,
art. 65. Bourbonnois, art. 369. Tours, art. 114. Senlis, art. 264. Reims,
article 58. & plusieurs autres obligent le nouveau Seigneur à avertir ses Vassaux de la mutation arrivée de son côté, ce qui est très-équi-
table : le Supliant n'étoit pas obligé de deviner que le Sieur d'Antigny pere
avoit donné au Sieur son fils en le mariant, le Marquisat d'Antigny ; le
contrat de mariage n'a été communiqué que plus d'un an après la saisie
faite.

On ne peut pas dire avec raison que la formalité d'instruire le Vassal
de la mutation arrivée de la part du Seigneur, n'est pas d'usage en Bourgogne, elle est de droit commun, & marquée dans les livres des Fiefs ;
qui quoiqu'ils n'ayent pas force de Loi parmi nous, fournissent au moins
une raison écrite fondée sur l'équité.

Mr. Begat, en son Commentaire sur notre Coutume, page 78. dit *que
le Vassal peut quelquefois refuser de faire les devoirs de Fief, lorsque le Seigneur refuse de son côté d'exhiber son titre.* Si en Bourgogne il est permis au
Vassal de refuser les devoirs de Fief, quand le Seigneur refuse de l'instruire,
à plus forte raison cela lui est-il permis, lorsque, comme ici, ce Seigneur
refuse de lui remettre les Terriers & autres titres de la Seigneurie qu'il
lui a vendue, piéces nécessaires pour pouvoir dresser son dénombrement ;
& lorsqu'il n'a pas voulu se donner la peine d'aprendre au prétendu Vassal qu'il est nouvel aquéreur à titre particulier du Fief dominant.

Le même Auteur continue en disant : *Il y a une mutuelle obligation entre le Seigneur feudal & le Vassal, de se communiquer respectivement leurs
titres ; sçavoir le Seigneur, de ce qu'il prétend être de son Fief, & le Vassal,
de ce qu'il tient en Fief du Seigneur. Le Seigneur de Montfort a été déclaré
non recevable à prendre pour trouble la difficulté que faisoit le Seigneur de Ba-
leure prétendu Vassal, de faire devoirs de Fief, que le Sieur de Montfort ne
lui eût premierement communiqué son titre ; par Arrêt du 26. Janvier 1582.
en réformant la Sentence des Requêtes du Palais. Le même a été jugé par Arrêt du 3. Juillet 1582. entre le Sieur de Rabutin & la Dame Marquise de
Nîle.*

Le Sieur d'Antigny étoit donc obligé d'instruire le Supliant, non seulement de la mutation arrivée de sa part, mais encore de ce qu'il prétendoit relever d'Antigny, & de dire nettement dans sa commission pour saisir, si c'étoit la Terre & Seigneurie de Sivry, ou le Fief de la Tour de
Sivry, qu'il prétendoit être dans sa mouvance, & qu'il entendoit saisir ; au

lieu de s'expliquer ainſi, il ſe contenta de dire dans une commiſſion ſou-écriture privée, que le Supliant étoit Seigneur d'une portion de la Sei-gneurie de Sivry, ſans expliquer quelle eſt cette portion ; & dans la ſuite il a raporté Sivry dans ſon dénombrement ſous trois differentes dénomi-naiſons, & avec tant de confuſion, qu'il a falu faire un incident au pro-cès pour le faire expliquer, & qu'après ſon explication on n'eſt pas plus inſtruit de ce qu'il a prétendu ſaiſir, & être dans ſa mouvance.

Chaſſeneuz, Rubr. 3. art. 1. des Fiefs, verb. *ou la perſonne de ſon prin-cipal Officier*, nomb. 22. parmi les raiſons qui excuſent le Vaſſal de faire les devoirs de Fief, met l'ignorance de la mutation : *ſi Vaſſallus ignora-verit Dominum mortuum, quia tempore ignorantiæ non currit ei tempus, & ſolùm currit tale tempus à tempore ſcientiæ.*

Taiſand, nomb. 41. ſur cet article premier, dit la même choſe en ces termes : *ſi le Vaſſal ignoroit que le Seigneur feodal fût mort, parce que le tems légal ne court point durant une juſte ignorance, mais ſeulement depuis le tems qu'on ſçait au vrai l'état de la perſonne.*

On ne peut pas douter qu'il ne ſoit plus aiſé d'ignorer l'aliénation & le tranſport qu'a fait un Seigneur de ſon Marquiſat par un contrat de mariage, qu'il n'eſt aiſé d'ignorer ſa mort : ſi l'ignorance de la mort de l'ancien Seigneur, eſt une excuſe légitime pour le Vaſſal de n'avoir pas rendu les devoirs de Fief au nouveau Seigneur ; l'ignorance de l'aliénation du Fief dominant à titre particulier, eſt une excuſe encore plus légitime.

Objections.

Premiere objection. Le Seigneur n'eſt obligé d'inſtruire ſon Vaſſal qu'a-près qu'il l'a avoué ou deſavoué, ſelon l'article 44. de la Coutume de Paris.

Réponſe. On lit ces mots dans l'article : *Et après que le Vaſſal aura avoüé ledit Seigneur feodal, leſdits Seigneur & Vaſſal communiqueront l'un à l'autre leurs aveux, dénombremens & titres de la teneure dudit Fief, qu'ils ont par-devers eux, & s'en purgeront par ſerment s'ils en ſont requis.*

Cela ſignifie que quand le Vaſſal s'eſt mis à ſon devoir, le Seigneur & le Vaſſal doivent s'inſtruire mutuellement ; mais non pas que ſans être inſtruit de la mutation du Seigneur, le Vaſſal ſoit obligé de faire les de-voirs de Fief ; car en ce cas l'article 65. de la même Coutume, oblige le Seigneur d'avertir ſes Vaſſaux, ou par des proclamations, ou par des ſignifications, qu'ils ayent à lui aller faire la foi & hommage dans qua-rante jours ; & ce n'eſt qu'après cet avertiſſement, & les quarante jours expirez, dit l'article, que le Seigneur peut *ſaiſir & exploiter les Fiefs te-nus & mouvans de lui, & faire les fruits ſiens* ; l'article ajoûte, *pourrâ toutefois que ladite proclamation & ſignification ayent été faites.* Rien ne dif-ſenſoit donc le Sieur Marquis d'Antigny, d'inſtruire le Supliant que le Marquiſat d'Antigny lui avoit été donné en mariage, & ce n'étoit qu'a-près cet avertiſſement, que la ſaiſe feodale pouvoit être permiſe : c'eſt inutilement qu'on prétend que nôtre Coutume n'ayant pas preſcrit cette formalité, elle n'eſt point néceſſaire, puiſque, comme on l'a déja re-marqué, cette inſtruction préalable étant fondée ſur l'équité, eſt de droit commun & de tous les pays.

Seconde objection. Charondas *ſur l'article 43. de la Coutume de Paris,* tit que l'ufage de France eft tel, que le Vaffal eft tenu d'avoüer ou défavoüer précifement le Seigneur qui l'en requiert, & ores qu'il en doute, il doit ce faire (Nota que ores fignifie quoique) & pour éviter à la perte de fon Fief, avoüer par proteftation de ne je faire préjudice, & à celui qu'il eftime être le vrai Seigneur féodal.

Réponse. Charondas difant, *qui l'en requiert,* fupofe que le Seigneur s'eft mis en régle en avertiffant fon Vaffal, qu'il y a mutation en fa perfonne.

Troifiéme Objection. Auzanet fur l'article 45. de la même Coutume, dit, que le nouvel aquereur d'un Fief eft obligé d'avoüer ou défavoüer le Seigneur qui a procedé par faifie féodale.

Réponfe. Cette autorité eft indifferente à la queftion, & ne décide point fi avant que de faifir féodalement, le Seigneur eft ou n'eft pas obligé d'avertir le Vaffal de la mutation, ainfi que la Coutume l'éxige ; on peut même douter, fi en difant que le nouvel aquereur eft obligé d'avoüer ou défavoüer le Seigneur qui a faifi, il n'entend pas parler de la mutation arrivée de la part du Vaffal ; ce qui ne dit rien pour le cas dont il s'agit.

Quatriéme Objection. Coquille en fon Inftitution au Droit François . titre des Fiefs, dit qu'z lieux où les Coutumes ne décident point fi le Seigneur doit inftruire fon Vaffal, il feroit raifonable de ne le point contraindre d'avoüer ou défavoüer, qu'après ce qu'il auroit affirmé par ferment avoir fait diligence d'enquerir, & qu'il n'a trouvé aucune inftruction ; & qu'en ce cas le Seigneur eft tenu de lui communiquer les titres qu'il a, du moins aux dépens du Vaffal, qui fera tenu d'en aller prendre la communication en la maifon du Seigneur.

Réponfe. Ces termes de Coquille font encore indifferens à la queftion de fçavoir, fi le Seigneur, avant de faifir, eft obligé d'inftruire le Vaffal, qu'il a aquis le Fief dominant à titre particulier ; mais c'eft dans la page 32. qu'on trouve le fentiment de l'Auteur fur la queftion dont il s'agit, où il s'explique en ces termes : *s'il y a mutation du Seigneur féodal, ou par fucceffion, ou par aquifition à titre particulier, & il veuille renouveller les hommages dûs à fa Seigneurie, en cas qu'il y ait ouverture du Fief fervant .... ledit Seigneur féodal doit faire fçavoir aux Vaffaux tenans Fiefs mouvans de lui, qu'ils viennent reconnoître & reprendre de lui, & leur donner terme pour ce faire, qui ne foit moinde de quarante jours.*

Le Sieur Marquis d'Antigny n'avoit pas fatisfait à cette formalité ; donc fa faifie a mal procedé, felon le fentiment de Coquille qu'il apelle à fon fecours.

Cinquiéme Objection. Le Sieur Languet n'avoit point fait le devoir de Fief au Sieur Marquis d'Antigny pere, qu'il fçavoit être Seigneur ; donc le Sieur d'Antigny fils étoit en droit de faifir, quoiqu'il n'eût pas averti le Vaffal qu'il étoit nouveau Seigneur.

Réponfe. Ferrieres dans fon Traité des Fiefs ch. 3. fect. 1. art. 2. tom. 8. page 400. s'explique ainfi.

La faifie féodale eft odieufe, & par confequent elle doit être plutôt reftrainte qu'étenduë aux cas non exprimez, poteftas prehenforia eft odiofa, & exorbitans à jure communi ; & fic nullo modo debet extendi, fed potius reftringi .... du Moulin art. 65. *fur la Coutume de Paris, n. 5. & il ne fert de rien de dire que les droits du défunt paffent à la perfon-*

ne de fon héritier, car c'eft une maxime qui n'a lieu que pour les chofes tranfmiffibles, tels que font les droits pécuniaires; & non pas lorfque les chofes ne fouffrent pas la tranfmiffion, mais qui s'éteignent avec la perfonne, telles qu'eft la preftation de fidelité, fimplex fidelitatis facramentum eft perfonaliffimum, nec eft tranfmiffibile in hæredes. Molin. dicto loco.

Sixiéme Objection. Argouft inft. au Droit François, liv. 2. chap. 2. dit, que lorfqu'un Seigneur a fait faifir le Fief fervant, le Vaffal qui veut avoir mainlevée de la faifie, eft obligé d'avoüer ou défavoüer le Seigneur: fi le Vaffal avoüe, il eft obligé de faire les foi & hommage, & payer les droits; & le Seigneur eft obligé de lui communiquer fes titres qui font les anciens actes de foi & hommage, dénombremens & autres de cette nature; & fe purger par ferment, s'il en eft requis: le Vaffal doit faire la même chofe, & eft obligé de fatisfaire le premier. Si au contraire le Vaffal défavoüe le Seigneur, c'eft-à-dire s'il dénie être fon Vaffal & relever de lui, c'eft au Seigneur à prouver la mouvance, & durant le procès il doit avoir mainlevée, mais auffi il perd fon Fief qui demeure confifqué au profit du Seigneur, fi par l'événement le défaveu fe trouve mal fondé, c'eft ce qu'on apelle droit de commife.

Réponfe. Argouft ne décide encore rien dans cet endroit pour la queftion: il y fupofe que la faifie a été faite après l'avertiffement néceffaire de la part du Seigneur, lorfque la mutation eft arrivée de fon coté: mais dans le même chapitre, page 105. Argouft s'explique fur le point de droit dont il s'agit, d'une maniere fi contraire à l'ufage qu'en veut faire le Sieur d'Antigny, qu'il eft étonnant qu'il ait cité cette autorité, voici en effet les termes d'Argouft. *fi la mutation arrive de la part du Seigneur, le Vaffal n'eft pas obligé de lui faire la foi & hommage, qu'au préalable le Seigneur n'ait fait publier que fes Vaffaux ayent à lui venir faire la foi & hommage dans quarante jours.*

Puifque le Seigneur d'Antigny n'avoit pas inftruit le Supliant que la mutation étoit arrivée de fa part, il eft évident que, felon l'Auteur, le Supliant n'étoit pas en demeure de faire les devoirs de Fief; c'eft donc fans fondement que la faifie a été faite.

Septiéme Objection. Salvaing de l'ufage des Fiefs, ch. 5. donne pour maxime que *l'inveftiture doit être demandée, & le ferment de fidelité prêté dans l'an & jour de l'ouverture de Fief, à toute mutation de Seigneur & de Vaffal, à faute de quoi le Fief eft commis, fuivant les conftitutions féodales.*

Réponfe. On en convient, mais l'Auteur ajoute, *uno & eodem contextu,* ces mots décififs: *néanmoins la mutation arrivant de la part du Seigneur, ce terme de l'an & jour fe devoit régler par la raifon du droit, c'eft-à-dire depuis le tems que le Vaffal avoit fçu la mutation; ainfi la mutation arrivant du coté du Vaffal, l'hommage doit être fait par le nouveau Vaffal fans interpellation; & la mutation arrivant du coté du Seigneur, l'ancien Vaffal n'eft obligé de le faire s'il n'en eft interpellé.*

Il eft bien aifé de faire parler des Auteurs pour nous, lorfqu'ils parlent contre, en prenant une partie de ce qu'ils ont dit; & en laiffant le refte qui nous incommode.

Huitiéme objection. Les Coutumes qui veulent que le Seigneur inftruife fon Vaffal de la mutation pour exiger les devoirs de Fief, fupofent en ce Vaffal une ignorance légitime, Dumoulin fur Paris ; titre des Fiefs §. 8. n. 5. s'en explique ainfi : *quæro an teneatur patronus declarare & oftendere clienti res feudales, earum fines, & in quibus confiftat feudum ? refpondeo fic, quod ego intelligo in feudo de novo conftituto, vel jam diù poffeffo per Patronum forte ex defectu Vaffalli; quia novus Vaffallus debita obfequia & jura præftans jufte petit oftendi quibus in rebus feudum confiftat, fecus in Vaffallo exiftente in poffeffione qui cùm ad rerum feudalium curam & cuftodiam teneatur, non debet eamdem requirere à Patrono, & hoc nifi ex jufta caufa, putà propter abfentiam vel inftrumentorum amiffionem, notitiâ obfcuratâ, vel fi fit hæres probabiliter hæc ignorans; tunc enim tenebitur Patronus facere quod fibi non noceret, imò fibi & clienti prodeft.*

Réponfe, tout ce que dit du Moulin en cet endroit ne fait rien à la queftion, non plus que les autoritez précédentes citées par le Sieur d'Antigny, ne s'agiffant ici que de fçavoir, fi avant la faifie il a dû avertir le Supliant de la mutation, du Moulin n'en difant pas un mot en cet endroit ; car la queftion qu'il y agite, de fçavoir fi le Seigneur dominant eft obligé de déclarer en quoi confifte fon Fief, eft differente *toto cœlo*, du point de fçavoir, s'il eft obligé d'aprendre à fon Vaffal qu'il eft nouveau Seigneur, lorfque la mutation eft arrivée en fa perfonne, & qu'il eft acquereur du Fief dominant à titre particulier.

Mais fi le Sieur Marquis d'Antigny a bien-envie de fçavoir quel eft le fentiment de du Moulin fur la queftion dont il s'agit ici, il peut fe fatisfaire en lifant ce qu'a dit cet Auteur fur l'article 65. de la Coutume de Paris, n. 1. au même titre des Fiefs, où il diftingue, comme tous les autres Auteurs, la mutation qui arrive de la part du Vaffal, de celle qui arrive de la part du Seigneur, & s'explique ainfi fur celle qui arrive de la part du Seigneur, telle qu'eft celle qui a été faite lors du contrat de mariage du Sieur Marquis d'Antigny. *Cùm autem ex parte Patroni fit mutatio, ftatim quidem feudum aperitur, & obligatio nafcitur ad fidelitatem renovandam, fed non eft pura, fed per interpellationem Vaffalli à novo patrono fiendam & lapfum 40. dierum immediatè fequentium purificanda : & ratio eft evidens, quoniam mutatio contingens facto Patroni, vel cafu in ejus perfonam contingente, non debet effe captiofa Vaffallo : undè ad inopinatam captionem vitandam ftatuit hæc Confuetudo poft debitam interpellationem adhuc 40. dierum inducias.*

C'eft là que du Moulin s'explique fur la queftion dont il s'agit avec la Loi qu'il commente, c'eft là auffi qu'eft le fiege de la matiere, car l'article 65. de la Coutume de Paris dit que *quand un Fief vient de nouvel par fucceffion, aquifition, ou autrement, à aucune perfonne, le nouveau Seigneur ne peut empêcher ni mettre en fa main les Fiefs qui font tenus de lui jufqu'à ce qu'il ait fait faire les proclamations & fignifications que fes Vaffaux lui viennent faire la foi & hommage dedans quarante jours*, &c.

Il eft donc conftant, que felon le fentiment de du Moulin, & la dépofition textuelle de la Coutume de Paris, le Sieur Marquis d'Antigny nouveau Seigneur n'a pû faifir, faute d'avoir inftruit le Supliant de la mutation arrivée de la part de ce Seigneur, *ad inopinatam captionem vitandam ftatuit hæc Confuetudo poft debitam interpellationem adhuc 40. dierum inducias.*

Voilà donc encore un Auteur cité par la Partie averfe qui s'explique contre lui.

Neuviéme Objection. L'ignorance de la part du Vaſſal doit être legi-
time, & non pas groſſiere, comme dans le cas particulier où tout le
monde ſçavoit que le pere avoit donné le Marquiſat au Sieur ſon fils,
le Sieur Languet même lui en avoit fait des complimens ; d'ailleurs il
n'ignoroit pas au moins, que le pere étoit Seigneur, & cependant, il
ne lui a jamais fait les devoirs de Fief.

Réponſes. 1º On a déja établi que le nouveau Seigneur ne peut ſe prévaloir de ce qu'on n'a pas fait la foi & homage à ſon prédéceſſeur,
parce que ce devoir eſt perſonaliſſime, ainſi que le diſent Ferriere & du
Moulin, avec Chopin & autres.

2º On ne peut pas dire que perſonne n'ignorât les clauſes du contrat
de mariage du Sieur Marquis d'Antigny ; on pouroit aſſurer au contraire
que perſonne ne les ſçavoit, que les Parties intereſſées & leurs Conſeils ;
le Supliant demeure d'acord qu'il eut l'honneur de faire des complimens
aux nouveaux mariez ſur leur mariage, mais non pas ſur les clauſes
contenuës dans leur contrat, qui furent toujours un miſtere pour lui
juſqu'à ce qu'un an après l'inſtance ce contrat lui fût ſignifié, & ç'eût
été une indiſcrétion à lui de vouloir pènétrer les clauſes de cet acte,
avant qu'on eût jugé à propos de lui en donner connoiſſance.

3º Les Coutumes qui demandent que le Seigneur, de la part de qui
la mutation arrive, inſtruiſe ſon Vaſſal, avant de pouvoir ſaiſir, exi-
gent cette formalité indéfiniment, & ſans aucune diſtinction, ſans quoi
elles expoſeroient les Seigneurs & les Vaſſaux à une infinité de conteſta-
tions, parce que le Seigneur pouroit toujours ſoutenir que l'ignorance du
Vaſſal ne ſeroit pas légitime, & le Vaſſal toujours prétendre le contraire ; en ſorte que pour retrancher ces difficultez, les Coutumes & les
Loix des Fiefs ſe ſont ſervies de termes géneraux & indéfinis, qui obligent tout Seigneur en la perſonne duquel il y a mutation, d'en inſtruire
ſon Vaſſal avant de ſaiſir féodalement.

Brodeau ſur l'article 65. déja cité, diſtingue la mutation du Vaſſal
de celle du Seigneur, & dit au nomb. 9. *qu'en la mutation du Vaſſal, le Sei-*
gneur, après les quarante jours, peut ſaiſir le Fief directement & de plein vol,
ſans aucune ſommation, publication ou proclamation précédente...... Autre choſe
eſt en la mutation venant de la part du Seigneur qui n'eſt point du fait du
Vaſſal, & de laquelle ſuivant la régle de Droit, qui dit, que divinare nemo
cogitur, il peut prétendre juſte & légitime cauſe d'ignorance, ſupoſé même
que le titre de l'aquiſition du nouveau Seigneur fût une ajudication par decret
ou autre vente judiciaire faite publiquement & dans les formes, ou une do-
nation dûment inſinuée ; en conſéquence de quoi les quarante jours de la Cou-
tume ne courent point du jour de l'ajudication, de la donation, de la ſucceſſion
directe ou collaterale échue, ou autre mutation, comme en celle du Vaſſal qui
ſeroit facilement ſurpris, & ſans être conſtitué en demeure, ſouffriroit injuſ-
tement la peine de la ſaiſie, & de la perte des fruits de ſon Fief.... & ne courent les
quarante jours contre le Vaſſal, qu'après avoir été averti qu'il a un nouveau
Seigneur, qui eſt obligé par la Coutume de faire les proclamations & ſigni-
fications, ſoit génerales ou particulieres, que le Fief dominant lui apartient,
à ce que ſes Vaſſaux n'en prétendent cauſe d'ignorance, & ayent à lui venir
faire la foi & hommage dedans quarante jours... juſqu'auquel tems de quarante
jours, à compter depuis les proclamations & ſignifications, l'obligation de réi-
terer & renouveller la foi & hommage par les Vaſſaux eſt ſuſpenduë, &
le droit de ſaiſir n'eſt ouvert qu'après qu'ils ſont paſſez.

Dixiéme Objection. Du Moulin, §. 2. fur l'article 65. de la Coutume de Paris, dit que lorſque le Vaſſal n'eſt pas en foi, le nouveau Seigneur n'eſt pas obligé de l'avertir qu'il ait à lui venir faire les devoirs de Fief. Brodeau & Coquille parlent de même.

Réponſe. On demeure d'acord, que du Moulin dans la gloſe unique ſur cet article 65. n. 2. 3. & 4. explique d'abord pluſieurs cas où le Seigneur n'eſt pas obligé d'inſtruire ſon Vaſſal de la mutation arrivée de la part dudit Seigneur ; mais après avoir ainſi parlé, il s'explique en ces termes au nombre 5. *Tamen his non obſtantibus contrarium puto*, ce qui fait comprendre que dans les nombres précédens il a expliqué l'opinion des autres, & non la ſienne ; la raiſon pour laquelle du Moulin eſtime que le nouveau Seigneur n'eſt pas diſpenſé de la formalité de l'article, eſt que le droit de ſaiſie féodale eſt un droit odieux, *poteſtas prehenſoria eſt odioſa*, & qu'à cauſe de cela, il faut le reſtraindre, & ne le permettre que dans les cas exprimez par la Coutume.

En ſuivant ſon principe, il n'y a qu'à voir comment eſt conçû l'article, pour ſe convaincre que le nouveau Seigneur eſt obligé d'avertir tous ſes Vaſſaux, ſoit qu'ils ayent prêté foi & hommage, ou non ; on a déja tranſcrit l'article qui commence en ces termes : *Quand un Fief vient de nouvel par ſucceſſion, equiſition ou autrement, à aucune perſonne, le nouveau Seigneur ne peut empêcher ni mettre en ſa main les Fiefs qui ſont tenus de lui, juſqu'à ce qu'il ait fait faire les proclamations & ſignifications que ſes Vaſſaux lui viennent faire la foi & hommage, &c.*

La Seigneurie de Sivry eſt venuë *de nouvel par ſucceſſion* au Supliant ; il eſt donc dans le cas de l'article. La Coutume s'explique par des termes géneraux qui comprennent tous les Vaſſaux à qui les Fiefs apar e-noient avant la mutation du nouveau Seigneur : c'eſt donc vainement que la Partie averſe veut diſtinguer entre le Vaſſal qui avoit fait foi & hommage au précédent Seigneur, & celui qui n'avoit pas encore rempli cette formalité ; *ubi lex non diſtinguit, nec nos diſtinguere debemus.* Une preuve que l'article doit s'étendre à toutes ſortes de Vaſſaux, c'eſt que l'avertiſſement qu'il ordonne doit être fait par *proclamations* ez Duchez, Comtez, Baronies, *&c.* & quant aux autres Fiefs, par ſignification au Vaſſal.

Or ſi l'avertiſſement doit être fait par proclamation dans les Baronies, les Vaſſaux qui n'ont point prêté foi & hommage au précédent Seigneur, doivent être avertis, de même que ceux qui ont déja rempli ce devoir ; car la Coutume n'ordonne pas au nouveau Seigneur de faire faire la proclamation pour les uns, & non pas pour les autres.

TROISIEME NULLITE.

Cette nullité a deux cauſes ; l'une que le Sieur Marquis d'Antigny n'a pas ſaiſi le Fief, mais ſeulement les fruits ; l'autre, que cette ſaiſie a été faite en vertu d'une commiſſion qu'on dit générale, qui eſt le prétendu débitis, lequel ſelon la copie collationée qui en a été ſignifiée deux ans après la ſaiſie, ne parle ni de Fief ni d'arriere-Fief.

Argoût dans ſon Inſtitution au Droit François, liv. 1. ch. 2. s'explique ſur ces deux défauts en ces termes : *le Seigneur doit prendre une commiſſion du Juge pour ſaiſir, & le Sergent doit ſe transporter ſur le Fief : il doit ſaiſir le Fief, & non pas ſimplement les fruits.*

Il y a un Arrêt dans le second tome du Journal des Audiences, livre 4. ch. 6. dans l'efpece duquel le Seigneur avoit fait faifir les fruits de fon Vaffal, faute de devoir non fait : M. l'Avocat Géréral Talon dit pour lors dans fes conclufions ; *qu'il faloit une commiffion fpéciale pour faifir féodalement, parce que dans la Commiffion il faut déclarer le Fief qu'en veut faifir* : il cita un Arrêt qui le décidoit de la forte, & ajouta ces mots remarquables ; *mais en fecond lieu, il y avoit une autre nullité confiderable, & effencielle dans la faifie ; c'eft qu'il étoit feulement dit qu'on faififoit les fruits.* Conformément aux conclufions de Mr. Talon, le Parlement de Paris rendit Arrêt le 14. Février 1661. qui déclara la faifie nulle.

De cet Arrêt il fuit deux conféquences : l'ure, que la commiffion en vertu de laquelle la faifie du 6. Novembre 1728. fut faite, n'étant point fpéciale, elle doit être regardée comme infufifante, puifqu'il faut une commiffion fpéciale pour faifir féodalement, & déclarer dans cette commiffion le Fief qu'on veut faifir, fans quoi la faifie eft nulle, ainfi qu'il fut jugé par Arrêt du 13. Mai 1530. cité par Mr. Talon : l'autre conféquence, eft que le Sieur Marquis d'Antigny n'ayant faifi que les fruits & non le Fief, la faifie eft abfolument nulle par cet endroit.

Cela eft conforme à la difpofition textuelle de nôtre Coutume, art. 1. & 2. du tit. des Fiefs. Il eft dit dans l'art. 1. *le Seigneur de Fief peut mettre fa main à la chofe mouvante de fon Fief, après le décès de fon Vaffal pour caufe de devoirs non faits.*

La chofe mouvante du Fief eft l'arriere-Fief & non les fruits.

L'article 2. porte, *& en tant que touche les pupiles, leurs tuteurs feront tenus de faire reconnoiffance de la chofe féodale au Seigneur de Fief dedans le terme d'un an, fans être tenus de faire hommage & ferment de feauté ; autrement ledit tems paffé, le Seigneur du Fief poura mettre en fa main la chofe de fon Fief, & faire les fruits fiens pour faute de ladite reconnoiffance ; & quand lefd. pupiles feront hors de tutelle, ils feront tenus de faire hommage & ferment de feauté audit Seigneur, dedans un an après ladite tutelle finie ; & s'ils ne le font, ledit Seigneur poura affeoir & mettre en fa main la chofe de fon Fief.*

Nôtre Coutume ne dit en aucun endroit, que faute de devoirs, le Seigneur poura mettre en fa main les fruits ; mais elle dit toujours, & de la même maniere, qu'il poura mettre en fa main la chofe féodale, la chofe de fon Fief, qui eft ici l'arriere-Fief : donc c'eft l'arriere-Fief, & non les fruits qui font fujets à la faifie feodale.

Qu'on ne dife pas que cette diftinction eft une vaine fubtilité ; car chaque faifie a fon objet différent : la faifie réelle a pour objet les immeubles ; la faifie mobiliaire, les fruits & autres meubles, & la faifie féodale le Fief, ce qu'il n'eft jamais permis de confondre. Celui qui faifiroit réellement des meubles, ou qui feroit une faifie mobiliaire fur des immeubles pécheroit contre les régles, & feroit une procédure nulle ; par conféquent celui qui faifit féodalement les fruits & non le Fief, tombe dans la même nullité ; & lorfqu'il n'y a que des fruits faifis féodalement, cette faifie, felon M. Talon, ne doit être regardée que comme un fimple Arrêt, ou Brandon, conformément aux Arrêts par lui citez, lors de celui de 1661. qui déclara une pareille faifie nulle, & en fit main-levée au Vaffal.

Premiere Objection. Il est vrai que la commission generale pour saisir feodalement, n'est point sufisante, lorsqu'elle est donnée par le Juge du Seigneur pour saisir tous les Fiefs ouverts ; & qu'alors il est necessaire que le Fief qu'on veut saisir soit specifiquement declaré : mais la commission dont le Sieur Marquis d'Antigny s'est servi, n'étoit pas une commission generale de son Juge : c'étoit un debitis.

Réponse 1° Les Arrêts qui ont annullé des saisies feodales qui ont procedé en vertu de commission generale, n'ont pas fait cette distinction.

2° Ferrieres dans son Traité des Fiefs, ch. 3. sect. 1. art. 3. n. 3. pag. 408. s'explique ainsi : *dans les Commissions & Lettres Royaux que les Seigneurs obtiennent pour les saisies feodales, ils doivent faire mention des Fiefs qu'ils veulent saisir, & des causes sur lesquelles ils fondent leurs saisies, les Commissions generales pour saisir tous Fiefs ouverts étant défenduës par les Arrêts* : tout de suite l'Auteur dit les raisons pour lesquelles la commission doit être speciale, & les causes de la saisie feodale exprimées, & en cite des Arêts.

Dans le cas particulier le prétendu debitis ne fait aucune mention ni de Fief, ni de saisie feodale ; par consequent on peut dire que bien loin d'être une commission speciale pour saisir feodalement, il n'en contient pas même une commission generale ; cela se verifie par la copie collationée de ce debitis produite sous cote 64.

Deuxiéme Objection. La Coutume de Berry, article 25. tit. des Fiefs, porte que par défaut de faire les foi & homage, le Seigneur feodal peut user d'explo. domaniaire sur la chose feodale par lui ou son Commis.

Réponse 1° Cette Coutume ne dit pas que cela doive se faire sans commission particuliere.

2° Ferrieres dans l'endroit cité, n. 2. dit : *il faut encore que le Seigneur obtienne commission du Juge Royal pour faire saisir le Fief de son Vassal, & ce pour empêcher les voies de fait & de violence, & que les Parties n'en viennent aux mains, & que le Seigneur ne se fasse justice à lui-même ; vû que la Justice ne refuse point son secours à ceux qui l'implorent. Nous avons quelques Coutumes qui permettent au Seigneur la saisie sans commission, comme celle de Montargis : toutefois l'usage present & ordinaire de telles Coutumes est contraire à leurs dispositions.*

Troisiéme Objection. La Coutume de Bourbonnois, article 337. porte que le Seigneur Justicier peut proceder par exécution par son Sergent, sans commission aucune, sur ses Sujets.

Réponse, 1° Il n'y a qu'à apliquer ce qu'on vient de dire dans la précedente réponse.

2° Le Sieur Marquis d'Antigny n'est pas Seigneur Justicier de la Seigneurie de Sivry, c'est le Seigneur de Sivry lui-même qui en a la haute, moyenne & basse Justice & qui seul l'y fait exercer par les tenües de jours & autrement, depuis que le Baron d'Antigny en a fait la vente.

Quatriéme Objection. Nôtre Coutume, art. 1. tit. 3. dit que le Seigneur peut mettre sa main à la chose mouvante de son Fief, après le decès de son Vassal : l'article 2. porte qu'il poura asseoir & mettre en

E

fa main la chofe de fon Fief, & l'article 4. qu'en défaut de dénombrement non baillé, il peut mettre en fa main la chofe que le Vaffal tient de Fief, & fous icelle la tenir.

Réponfe. Tout cela veut dire qu'il peut faifir feodalement, *pofitis ponendis,* avec les formalitez requifes & non pas fans une commiffion fpeciale pour faifir un tel Fief ouvert.

Cinquiéme Objection. Chopin fur l'article 1. tit. *des Fiefs* de la Coutume de Paris, dit que c'eft chofe commune, que le Seigneur qui a Jurifdiction, faffe faifir par fon Sergent de fon autorité, le Fief de fon Vaffal ; mais que le Seigneur qui n'a point de Jurifdiction, ne laiffe pourtant de mettre en fa main par le moyen de celle du Roi, ou de la Juftice de laquelle dépend la fienne.

Réponfe. Ces termes fignifient qu'il faloit des Lettres Royaux pour faifir, mais non pas que ces Lettres Royaux ne duffent contenir une commiffion fpeciale & particuliere pour faifir un tel Fief ou arriere-Fief.

Sixiéme Objection. Du Moulin fur le même artic. gl. 3 n. 10. dit : *ex prædictis fatis liquet, poteftatem prehendendi effe in merâ facultate Patroni, & jus in eo refidens, & illi competens jure proprio, & non judicis officio.*

Brodeau fur le même article, n. 5. dit à peu près la même chofe.

Réponfe. On demeure d'acord, que du Moulin a penfé que le Seigneur peut faifir de fon autorité fans aucune permiffion du Juge ; mais fon fentiment n'eft pas fuivi, & même on peut dire qu'il ne l'a pas toujours fuivi lui-même ; car Ferrieres, au n. 3. qu'on a deja cité, dit : *du Moulin en fa note fur l'article 162. de la Coutume du Maine, remarque un Arrêt par lequel une commiffion generale pour faifie de Fief, a été declarée nulle :* Mr. le Maître *au traité des Fiefs ch. 5. en cite un du 13. Mai 1530. toutefois du Moulin tient, que le Seigneur n'eft pas obligé d'exprimer les caufes de fa faifie dans la commiffion, mais feulement dans l'exploit de faifie ; mais fon fentiment n'eft pas fuivi.*

Quant à Brodeau, bien loin qu'il foit de l'avis qu'on lui atribüe ; après avoir raporté l'opinion de du Moulin, il la refute, au nomb. 15. de l'endroit cité page 37. en ces termes : *mais cette opinion a été rejettée, & de notorieté n'eft point en ufage en la Coutume de Paris, ni aux autres Coutumes, étant une regle & maxime generale en France, qui a paffé en proverbe, que toute voie de fait eft prohibée & défendüe à quelque perfonne que ce foit, la Juftice ne déniant point fon fecours & affiftance à celui qui le demande ; autrement ce feroit introduire & autorifer le defordre & la confufion, en conftituant le Seigneur Juge & executeur, en fa propre Caufe, pour faire qu'il fe rende juftice, & qu'il venge lui-même le mépris, l'injure & l'ingratitude de fon Vaffal, lequel prendroit fujet de fa part d'ufer de la même voie de fait, de brifer la mainmife de fon Seigneur, & d'en venir aux armes.*

On n'a donc pas dû dire que Brodeau eft d'avis que le Seigneur peut faifir fans commiffion & de fa propre autorité ; puifqu'après avoir refuté l'opinion de du Moulin, & avancé pour maxime qu'il eft défendu de faifir fans commiffion, il cite Coquille fur l'article 9. tit. des Fiefs de Nivernois, où ce Commentateur dit qu'*encore que la faifie feodale foit exploit domaniaire, fi eft-ce qu'il y a correfpondance à exploit de Juftice, & la voie de Juftice eft de bien feance tirant à neceffité . . . . la commiffion du Seigneur feodal doit être particuliere & non generale.* Brodeau cite encore dans le même endroit plusieurs textes de Droit, l'autorité de Chopin sur Paris, de l'Hommeau sur Anjou, & de Papon sur Bourbonnois, pour établir que l'opinion de du Moulin qu'il combat, n'est nullement suivie.

On pourroit ajouter à ces autoritez celle de Me. J. de de Laistre sur la Coutume de Chaumont imprimée en 1723. tit. 2. des Fiefs. n. 9. p. 66. où il dit : *du Moulin sur l'art. 1. de la Coutume de Paris, §. 4. est d'avis que le Seigneur peut de sa propre autorité s'emparer du Fief ouvert; comme cette opinion auroit donné lieu aux voies de fait qui sont défenduës en France, elle n'a pas été suivie, & il n'est pas douteux aujourd'hui que cette saisie ne doive être faite par forme de Justice ..., & non pas par autorité du Juge du Seigneur dominant, à moins que le Fief servant ne fût en sa Justice : la commission doit être particuliere pour le Fief que le Seigneur veut faire saisir, & doit contenir les causes de la saisie, les commissions generales pour saisir tous les Fiefs ouverts, étant défenduës par les Arrêts, & entr'autres par un rendu en la Grand'Chambre le 13. Mai 1530. sur les Conclusions de Mr. l'Avocat General Lisset.*

Septiéme Objection. Les Coutumes qui requierent que le Seigneur prenne une commission du Juge, en contiennent une disposition expresse, comme celle d'Angouleme & de Meaux. *Que fait en effet le Seigneur dominant ? il s'empare du bien qui lui apartient : il rentre dans son héritage qu'il n'avoit aliené que sous la foi & hommage qu'on lui refuse.*

Réponses. 1°. Les Auteurs & les Arrêts ont fait une maxime generale de la commission speciale.

2°. Le Seigneur d'Antigny n'a pas aliené & n'a pû aliener le Fief de Sivry sous la reserve de la foi & homage; lorsqu'il l'a vendu, la vente a été faite sans aucune reserve, & même avec promesse de garantir.

3°. Puisque saisir feodalement est rentrer dans son héritage, la saisie feodale ne doit pas être des fruits, mais du Fief; c'est ce qui fait dire aux Auteurs que la saisie feodale est un *exploit reel, un exploit domanial,* ce qui ne peut s'entendre d'une saisie de fruits; d'où il suit qu'il faloit necessairement saisir le Fief & non les fruits pour faire une saisie valable.

Huitiéme Objection. Poquet de la Livoniere *tit. des Fiefs, liv. 1. ch. 8. sect. 4. a dit qu'une simple saisie de fruits n'emporte pas la perte des fruits, & l'Arrêt de 1661. ne declare pas la saisie nulle par ce défaut; mais parce que cette saisie avoit été faite à Requête du Procureur Fiscal en vertu d'une commission generale : en tout cas on ne le jugeroit pas ainsi selon l'esprit de nôtre Coûtume.*

Reponse. Pourquoi ne jugeroit-on pas ainsi, si c'est une maxime universellement reçuë, que le Fief doit être saisi, & que la commission doit être speciale pour saisir feodalement, nôtre Coutume ne disant rien de contraire ?

2°. Poquet de la Livoniere parle autrement qu'on ne le fait parler : voici les termes : *la saisie feodale doit être faite non des fruits pendans par branches & racines, mais du fond: cela resulte de nôtre Coutume qui parle de la saisie feodale comme d'une espece de saisie du fond & de la chose: c'est une espece de reünion du Fief servant; une simple saisie de fruits n'emporte pas perte des fruits selon l'avis de M. Talon, lors de l'Arrêt du 14. Fevrier 1661. raporté au Journal des Audiences, tom. 2. titre. 4. ch. 6. & au Recüeil des Arrêts notables. chap. 53.*

Neuviéme objection. Taifand article 1. des Fiefs, n. 1. dit que la main-mife n'eſt autre choſe qu'une ſaiſie de fruits.

Réponſe. Il s'explique ainſi, *Nôtre Coutume ne permet dans le cas de la n. t du Vaſſal, & de devoirs de Fief non faits dans l'an & jour, qu'une ſimple mainmiſe ou ſaiſie des fruits au Seigneur féodal, ſur la choſe mouvante de ſon Fief, laquelle il ne peut exercer qu'après l'an & jour ex-pirez, depuis la mort de ſon Vaſſal, ni s'apropier les fruits que ce tems ne ſoit paſſé; car ſi avant ce tems là il avoit fait ſa mainmiſe & ſaiſi le Fief, ſa ſaiſie ſeroit nulle.*

L'Auteur qui dans l'endroit cité, ne traite point la queſtion dont il s'agit, dit tantôt ſaiſir *les fruits*, tantôt ſaiſir *le Fief*, ce qui mar-que que ſaiſir les fruits lui eſt échapé par inadvertance, & pour expli-quer ſeulement l'effet de la ſaiſie; d'autant plus que trois articles de nôtre Coutume diſent, que faute de devoirs non faits, le Seigneur peut mettre en ſa main la choſe mouvante de ſon Fief, c'eſt-à-dire, le Fief & l'arriere-Fief, & non pas les fruits: au reſte comment pou-roit-on opoſer au torrent un mot dit en paſſant par ce Commentateur de nôtre Coutume, qui ne ſongeoit à rien moins qu'à la nullité dont eſt queſtion? L'autorité de Taifand, quand il parleroit *ex profeſſo*, ne pré-vaudroit pas à celle de tous les Auteurs Coutumiers, qui donrent pour maxime, que pour la validité de la ſaiſie féodale, il ne ſuſit pas de ſaiſir les fruits. Auzanet, entr'autres, dans ſes Notes ſur la Coutume de Paris, page 4. s'en explique en ces termes : *la ſaiſie feodale faite ſeulement ſur les fruits, ou à la Requête du Procureur Fiſcal, eſt nulle.*

Dixiéme objection. Brodeau ſur Paris, art. 1. n. 18, fait mention de l'Arrêt de 1530. qui caſſa une ſaiſie féodale, parce qu'elle étoit faite en vertu d'une Commiſſion générale octroyée par le Prévôt d'Eſtampes, & il n'apartient qu'au Roi d'acorder des commiſſions générales pour ſaiſir féodalement, telles qu'eſt le débitis du Sieur Mar-quis d'Antigny.

Réponſes. 1° On dénie que ce débitis contienne ni Commiſſion géné-rale, ni Commiſſion particuliere pour ſaiſir féodalement : il n'y eſt pas dit : te mandons de ſaiſir tous les arriere-Fiefs ouverts de la Baronie d'Antigny, ni un tel Fief ouvert mouvant de ladite Baronie; en telle ſorte qu'on ne peut pas dire que le débitis contienne ni Commiſſion ſpéciale, ni Commiſſion générale de ſaiſir féodalement le Fief dont il s'agit.

2° Brodeau lui-même par une note marginale qui eſt vis à vis le nombre 18. cité par le Sr. Marquis d'Antigny, s'explique en ces termes: *l'on doit faire mention dans les Commiſſions & Lettres Royaux du Fief que l'on veut ſaiſir, & des cauſes de ladite ſaiſie, les Commiſſions générales pour ſaiſir tous Fiefs ouverts, étant défenduës par les Arrêts.*

Ces derniers mots ne ſont pas ſeulement relatifs aux Commiſſions émanées des Juges des Seigneurs, mais aux Commiſſions acordées par Lettres Royaux; d'où il ſuit que la Commiſſion pour ſaiſir féodale-ment contenuë dans un débitis, ne ſeroit pas ſuſſante ſi elle étoit générale; & qu'il auroit falu que le Sieur Marquis d'Antigny ſe fût fait donner une Commiſſion ſpéciale pour faire ſaiſir féodalement un tel Fief: mais comme on l'a déja obſervé, il n'y a dans ſon débitis ni Commiſſion générale pour ſaiſir les Fiefs ouverts, ni Commiſſion ſpéciale pour ſaiſir un tel Fief ; & ſi les Gens d'Affaires du Sieur Marquis d'Antigny vouloient dire la vérité, ils conviendroient que quand ils ont fait expedier le prétendu débitis du 22. Novembre 1727. ils ne penſoient à rien moins qu'à des ſaiſies féodales, & que leur vûë ne portoit que ſur des promeſſes & obligations, des arrerages de rentes & cens, & ſur des herbes de prez, termes qui n'indiquent point qu'il ſût queſtion de preſtation de foi & hommage, ni de ſaiſie de Fief pour devoirs non faits.

SECONDE PROPOSITION.

La Terre & ſeigneurie de Sivry eſt mouvante du Roi.

ON établira cette propoſition qui eſt la plus importante du procès : par des preuves de fait & de droit.

La preuve de fait ſe tire des aveux du Sieur Marquis d'Antigny ; & des piéces qu'il a jugé à propos de produire.

On réduira les preuves de droit à trois : la premiere, que le Fief de la Tour de Sivry & la Seigneurie de Sivry ayant été réunis à la Baronie d'Antigny, ce Fief & cette Seigneurie ont été depuis la réunion, de la même nature que le Fief dominant, c'eſt-à-dire, mouvans du Roi.

La ſeconde, que quand poſtérieurement à 1489. date du plus ancien titre qu'ait produit le Sieur Marquis d'Antigny, ou dans d'autres tems le Fief de la Tour & la Seigneurie de Sivry auroient relevé de la Baronie d'Antigny, ils auroient ceſſé d'en relever, depuis l'aliénation de 1589.

Et la troiſiéme, que lorſqu'une Terre releve du Roi, aucun Seigneur en l'alienant, en tout ou en partie ne peut ſe réſerver, ni ſe retenir la mouvance du tout, ni des parties alienées, ni empêcher que le tout ne releve en plein Fief de la Couronne.

Preuve de fait.

Les Gens d'Affaires du Sieur Marquis d'Antigny ont affecté de produire ſes piéces avec ſi peu d'ordre, & tant de confuſion, que le Supliant s'eſt crû obligé de les ranger, dans un écrit imprimé, produit en premiere inſtance, dans leur ordre naturel, afin que Mrs. les Juges puſſent voir d'un coup d'œil toutes ces piéces, & trouver les cotes lors de la viſitation du procès. La Cour eſt très-humblement ſupliée d'avoir recours à cet écrit qui eſt intitulé : *ordre chronologique des titres.*

Quoique le Sieur Marquis d'Antigny n'ait produit que des actes qu'il croit convenir à ſes interêts, la vérité lui eſt échapée & s'eſt fait jour à travers ce tas de piéces qui ont fait connoître qu'il en retient d'autres plus importantes & plus inſtructives, telles que ſont le contrat de vente faite au Sieur Arbaleſte le 23. Feuvrier 1498. une prétenduë lettre en parchemin de 1296. où l'on verroit vrai-ſemblablement que ce parchemin ne parle pas de la Terre de Sivry-les-Arnay, mais d'un autre Sivry, y ayant pluſieurs Terres dans la Province, & même dans le Bailliage d'Arnay-le-Duc, de ce nom.

F.

Malgré cette précaution le Sieur Marquis. d'Antigny a produit affez
de pieces, pour juflifier qu'actuellement Sivry eft dans la mouvance
du Roi, en raifonnant dans le propre fiftême qu'il lui a plû ce fe
faire dans fa Requête du 26. Juillet 1730. lequel il a voulu changer
dans la fuite; car comme le Supliant en répondant à cette Requête,
convainquit la Partie averfe, que du plan qu'il s'étoit fait lui-même,
il fuivoit que Sivry étoit dans la mouvance du Roi, le Sieur Marquis d'Antigny changea de langage & produifit de nouveaux titres, qui
loin de détruire les raifonnemens qu'avoit faits le Supliant, ne fervirent
qu'à les confirmer, & à faire connoître que fes conjectures étoient
conformes aux titres qui ne paroiffoient pas alors, & qu'on produits a
depuis.

C'eft donc par ces titres, quoique les principaux ayent été laiffez
dans les Archives du Sieur Marquis d'Antigny, qu'il faut eſſayer de dé-
voiler la vérité qu'on voudroit tenir captive.

Par le plus ancien, qui eft une quitance du 2. Novembre 1498. laquelle fut donnée par Pierre de la Boiffiere au Sieur Arbalefte, il paroit que le 23. Fevrier de la même année, Arbalefte avoit aquis la
moitié par indivis, de la Terre & Seigneurie de Sivry.

S'il avoit plû au Sieur Marquis d'Antigny de produire ce contrat
de vente énoncé dans la quitance, on en auroit tiré de grands éclairciſ-
femens; & on y auroit vû qui eft-ce qui poffedoit l'autre partie indivife de Sivry; il eft à préfumer que c'étoit le Baron d'Antigny: on
ne peut pas dire que ce contrat du 23. Fevrier 1498. n'eft pas
dans les Archives du Sieur Marquis d'Antigny; car puifque la quitance du prix de ce contrat, qui eft de la même année, s'y eft trou-
vée, on ne fçauroit douter que le contrat n'y foit auffi; & fi le Sr.
Marquis d'Antigny ne l'a pas produit, c'eft parce que ce contrat feroit
trop contraire à fes interêts, & feroit d'ailleurs connoître que la quitance n'eft pas le feul titre qu'il retient, & qu'il devroit avoir remis
aux aquereurs de la terre Sivry en la leur vendant.

Le 25. Mai 1539. Meffire Girard de Vienne, Baron d'Antigny,
aquit cette moitié indivife de la Terre & Seigneurie de Sivry; & felon
la Requête de la Partie averfe du 26. Juillet 1730. *la réunit à fa table,
c'eft-à-dire à fon Fief dominant*, c'en font les termes.

On ne voit point qui eft-ce qui poffedoit alors l'autre moitié indivife de la Terre & Seigneurie de Sivry, ni le Fief de la Tour de Sivry enclavé dans cette Terre, mais il paroit par un acte du 10. Fevrier 1574. que Jean Brohot rendit foi & hommage au Baron d'Antigny du Fief de la Tour de Sivry, qu'il venoit d'aquerir de Jean de
la Baulme; de qui ce la Baulme avoit il aquis? c'eft ce que l'on ne fçait
pas; mais il faut néceffairement que ce foit du Baron d'Antigny,
médiatement ou immédiatement; puifque, comme on le verra dans un
inftant, toutes les parties foit du Fief, foit de la Seigneurie de Sivry;
avoient été réunies à la Baronie d'Antigny.

Le 28. Mars 1578. le même Brohot reprit de Fief *des trois quarts;
les quatre faifant le tout, de la Terre & Seigneurie de Corbeton, & de
portion de la Seigneurie de ladite Tour de Sivry:* alors Brohot étoit devenu
propriétaire du Fief de Corbeton enclavé dans le finage & Seigneurie de
Sivry, & de la totalité du Fief de la Tour de Sivry; ce qui eft prouvé

par un Procès verbal du 16. Décembre 1579. produit sous cote 9. de l'inventaire du Sieur d'Antigny, dans lequel sont ces termes : *ledit Brouhot ayant fait un premier achat des trois quarts dudit Sivry , & secondement de l'autre quart dudit Sivry.*

Posterieurement à l'aquisition des trois quarts de Corbeton, & de la totalité de la Tour de Sivry ; Brouhot fit l'aquisition de la Terre & Seigneurie de Sivry, comme on le verra dans un instant.

Brouhot connoissant qu'il avoit fait une faute en reprenant de Fief de la Tour de Sivry , comme mouvant de la Baronie d'Antigny, voulut en revenir, & prit des Lettres de souffrance ; mais soit qu'on le crût non-recevable , ou que le crédit de Messire Jacques de Theolongeon Baron d'Antigny l'emportât, il y eut Sentence par forclusion renduë par Sophy Brullard Lieutenant au Bailliage d'Arnay-le-Duc , le trentième Octobre 1579. en ces termes : *déclarons les Terres de Corbeton & la Tour de Sivry dépendre & mouvoir du Fief de la Seigneurie dudit Antigny.* Ce Sophy Brullard fut déclaré depuis, par Arrêt de la Cour, incapable de posseder aucune Charge, & la sienne confisquée au profit du Roi.

Jacques de Theolongeon ne croyant pas sa mouvance bien assurée par cette Sentence, donna procuration à un Procureur du Bailliage d'Arnay-le-Duc, pour en poursuivre & requerir l'exécution, *en faire faire des Lettres d'examen en bonne forme, & tenir quite ledit Brouhot des dommages intérêts , & de la retenuë dudit Fief.*

Brouhot, qui étoit sans crédit, & qui avoit affaire à un homme puissant, se crut trop heureux de ce qu'il vouloit bien lui quiter les dommages intérêts, & la retenuë dont il étoit menacé ; en sorte qu'il passa Expédient le 16. Décembre 1579, qualifié par le Sieur Marquis d'Antigny, *Procès verbal d'exécution de la Sentence.*

Dans cette piéce qui n'est faite que pour assurer au Baron d'Antigny ; une mouvance qui ne lui apartenoit pas , on fait une longue énumeration de titres dont la Partie averse a produit ceux qu'il croit lui être avantageux, & a gardé les autres pour une meilleure ocasion ; après cette énumeration, & un détail superflu de moyens qui ne servoient, comme on vient de le dire, qu'à faire un titre contre la mouvance du Roi ; on déclare le Fief de la Tour de Sivry, mouvoir de la Baronie d'Antigny , & on ajuge au Baron dudit lieu le droit de retenuë avec dépens : dont , à la forme de la procuration, icelui Brohot demeure quite envers ledit Seigneur.

Il est dit dans cet acte, en parlant de Brohot ; *ayant fait un premier achat des trois quarts dudit Sivry, & secondement de l'autre quart ;* puisqu'il étoit Propriétaire des quatre quarts du Fief de la Tour de Sivry, il ne lui restoit à aquerir dans le territoire & finage de Sivry, que la Justice & Seigneurie générale dans toute l'étenduë du Finage de Sivry-lès-Arnay ; aussi en fit-il l'aquisition par contrat du 7. Septembre 1589. pour réünir en sa personne tous les droits de cette Seigneurie sans exception.

Ce contrat est le seul titre que le Supliant ait pû produire, il est sous la premiere cote de son inventaire : le Sieur Marquis d'Antigny qui l'a signifié, n'a pas jugé à propos de le produire ; le Supliant n'en a point d'autre, parce que le Sieur Marquis d'Antigny les garde tous.

Par ce contrat, Messire Antoine de Vienne, Baron d'Antigny, vend *à Noble Jean Brohot, Seigneur de la Vefvre, & de la Tour de Sivry, tous les droits de Juflice haute, moyenne & baffe ; enfemble toutes cenfes, rentes, tailles, coutumes, poules, corvées, hommes, qu'autres droits & chofes quelconques, dépendans dudit Sivry, fans en rien réferver, qui apartiennent, peuvent & doivent compéter, & apartenir audit Seigneur au Finage & Village dudit Sivry-lès-Arnay, dépendant de ladite Seigneurie ; fors & réfervé toutefois ce qui a été aquis puis peu de tems en ça par Jean Goulye de Chafoges dudit Seigneur, vivre la Juflice dudit Sivry ; le prefent vendaige, ceffion & tranf-port ledit Seigneur a fait audit acheteur, au rachat & faculté de fix ans prochains, à compter du jour & date de cette, moyennant le prix & fomme de trois cens foixante & dix écus fols de principal achat payez manuellement par ledit de la Vefvre audit Seigneur, en prefence des Notaires & témoins fouf-crits, dont, enfemble du prefent vendaige, & de ladite fomme de trois cens foixante & dix écus, ledit Seigneur s'eft tenu & tient pour bien content, payé & fatisfait, s'eft dévétu & défaifi dudit droit de Juflice, haute, moyenne & baffe ; enfemble defdites tailles, coutumes, cenfes, rentes, poules, corvées, hommes, & autres droits ci-deffus, & en a invétu & faifi ledit Sieur de la Vefvre, promettant de les lui conduire & garantir perpétuelle-ment envers & contre tous, à peine de tous dépens, dommages & interêts.*

Il paroît par ce titre que le Baron d'Antigny ne fe réferva aucun droit de mouvance, & qu'au contraire la vente fut pure & fimple des chofes énoncées au contrat, *& de tous autres droits & chofes quelconques dépen-dans dudit Sivry, fans en rien réferver ;* & quand le Baron d'Antigny fe fe-roit réfervé la mouvance en aliénant (ce qu'il n'a pas fait) cette réferve qui feroit faite au préjudice des droits du Roi & de fa Couronne, n'o-pereroit quoique ce foit : non feulement le Baron d'Antigny ne fe réferva rien ; mais par ce contrat Brohot devint Seigneur en toute Juflice dans toute l'étenduë du Village & finage de Sivry, à l'exception de ce qui avoit été vendu depuis peu à Goulie, ainfi que le Baron d'Antigny le pouvoit être lui-même avant cette vente générale, & ceffion abfoluë de tous les droits Seigneuriaux qui lui apartenoient : les claufes de ce con-trat font fi claires, qu'elles n'étoient point fufceptibles des injuftes inter-prétations, que le fils du vendeur, après la mort de fon pere, voulut lui donner.

L'aliénation que le Baron d'Antigny dit avoir faite *depuis peu de tems en çà,* d'une partie de la Terre & Seigneurie de Sivry, au profit de Jean Goulye, ne lui a confervé aucune mouvance, puifque dans le dénombre-ment qu'il a donné à la Chambre des Comptes en 1656. dont on parlera dans un inftant, il ne dit pas que Sivry, à la part de Jean Goulye, re-leve d'Antigny ; au contraire cette portion de Jean Goulye releve actuel-lement du Roi. Quelle raifon pouroit-il y avoir pour faire relever une par-tie de la Terre de Sivry d'un Seigneur, & une autre partie d'un autre ; le tout ayant été dénembré de la même Baronie, qui releve en plein Fief du Roi ? vairement le Sieur Marquis d'Antigny qui a fenti la force de cette obfervation, s'eft-il avifé de dénier dans le Factum, auquel on répond, que la portion de Goulye releve du Roi, tandis qu'il ne prouve pas le contraire ; car de droit tous les Fiefs du Royaume relevent du Roi, à moins que par des titres particuliers on rétabliffe le contraire ; le St. Marquis d'Antigny prouve bien que la portion de Goulye relevoit du Roi, puifque lorfqu'il la vendit, cette portion faifoit partie de fa Baronie ;

mais il ne prouve pas qu'elle releve aujourdh'ui ni de lui, puisqu'il n'en fait pas mention dans ses dénombremens, ni d'un autre Seigneur, particulier puisqu'il ne l'allegue même pas : il est donc vrai que la portion de Goulye, jadis faisant partie de la Baronie d'Antigny, & venduë par le Baron dudit lieu, est toujours demeurée dans la mouvance du Roi ; & que par la même raison, le reste de la Terre & Seigneurie de Sivry, qui faisoit partie de la même Baronie, ayant été aliéné, est toujours demeuré & de droit dans la même mouvance du Roi.

On estime, qu'étant prouvé par les titres du Sieur Marquis d'Antigny, que Brohot avoit aquis la totalité du Fief de la Tour de Sivry, avant le contrat de 1589. & que par ce contrat il fit l'aquisition de la totale Seigneurie en toute Justice, droits & choses quelconques qu'avoit le Baron d'Antigny, au Village & finage de Sivry, le Fief de la Tour de Sivry est une chose distincte de la Terre & Seigneurie de Sivry ; car si cela n'étoit pas, Brohot, qui dix ans avant l'aquisition de la Terre & Seigneurie, étoit propriétaire du Fief de la Tour de Sivry, n'auroit rien pû aquérir par le contrat de 1589.

Le Sieur Marquis d'Antigny s'est beaucoup ocupé à combatre cette distinction, qui au fond est assez indifferente au procès ; car dès qu'il prouve par les titres qu'il a produits, que toutes les portions, soit du Fief, soit de la Seigneurie de Sivry, ont été réunies à la Baronie d'Antigny, & en ont fait partie ; par une conséquence nécessaire, qu'on établira en droit, Sivry est toujours demeuré dans la mouvance du Roi, depuis la réünion avoüée par le Sieur Marquis d'Antigny.

Le 2. Octobre 1589. Jean Brohot, Sieur du Champ, la Velvre, & *Sivril-lez-Arnay*, fit foi & hommage au Baron d'Antigny, *de portion de la Terre & Seigneurie de Sivril*, membres & dépendances à lui de présent apartenans, à cause de l'achat qu'il en a fait, puis peu de tems en çà, dudit Baron d'Antigny, sans aucune chose en réserver.

Jusqu'alors Brohot s'étoit toujours qualifié Sieur de la Tour de Sivry dans tous les actes, au lieu que dans cette reprise de Fief, faite trois semaines après l'aquisition de 1589. en faisant hommage de cette portion de la Seigneurie de Sivry, il prend la qualité de Sieur de Sivry (comme dans tous les actes postérieurs) parce que le Fief de la Tour de Sivry, qui auparavant étoit séparé de la Seigneurie, se trouvoit alors tellement uni & consolidé avec cette Seigneurie, qu'ils ne composoient plus qu'un seul & même tout, dont les parties ont été si bien mêlées & confonduës, qu'on ne distingue plus la Seigneurie de l'arriere-Fief, ni l'arriere-Fief de la Seigneurie.

Brouhot joüit tranquilement de toute la Seigneurie de Sivry pendant la vie d'Antoine de Vienne son vendeur, qui se trouva si content du prix de la vente qu'il avoit reçû, qu'il n'exerça pas même la faculté de remeré, qu'il s'étoit réservée pour six ans.

Après la mort d'Antoine, Jacques de Vienne son fils, fâché de l'aliénation qu'avoit faite le pere, de partie de la Baronie, employa toute sorte de moyens pour enlever à l'aquéreur une partie de son aquisition : il excita un particulier à refuser à Jean Brouhot les droits Seigneuriaux qu'il devoit, & se fit apeller en garantie par ce Particulier, pour lequel il prit en main ; & sous l'injuste & vain prétexte, que ce n'avoit pas été l'intention du Sieur son pere, de vendre tous les droits Seigneuriaux

G

qu'il avoit à Sivry, soutint, contre la teneur du contrat même, que Brouhot devoit lui relâcher tous les droits que la Baronie d'Antigny avoit anciennement dans Sivry.

Rien n'étoit si contraire aux termes du contrat de 1589, le Sieur Baron d'Antigny le connoissoit bien ; c'est ce qui fit que n'osant soutenir une contestation si déraisonable pardevant les Juges ordinaires, il proposa des Arbitres : Brohot qui avoit grand interêt de ne pas essuyer un long procès contre un homme puissant, y consentit ; & les Parties passerent un compromis le 29. Août 1598.

Les Arbitres qui, à la vûë du contrat de vente, ne purent rien comprendre à l'injuste prétention du Baron d'Antigny, ordonnerent qu'il donneroit un état des articles, qu'il prétendoit que le Sieur son pere n'avoit pas compris dans la vente.

La Partie averse a produi sous cote 37. un chifon qui n'a jamais été signé du Baron d'Antigny, ni daté, ni signifié à aucune Partie, qu'on prétend être signé, Gentot, homme inconnu & sans caractere :il dit que cette piece clandestine est l'état que donna son prédecesseur de ce qu'il prétendoit lui apartenir encore dans Sivry, après avoir tout vendu.

Ce prétendu état ne toucha pas les Arbitres (s'il est vrai qu'ils l'ayent vû) car il ne put pas les déterminer à rendre un Jugement favorable au Baron d'Antigny, qui n'ayant pour lui que la raison du plus fort, laissa son arbitrage sans poursuites : ce ne fut pas faute de crédit ; s'il avoit crû que les Arbitres eussent pû juger en sa faveur, il auroit bien fait juger.

Brohot continua de demeurer tranquile tout le reste de sa vie ; il y a aparence que les Conseils de Messire Jacques de Vienne lui firent entendre que sa prétention n'étoit pas soutenable.

Jean Brouhot second après la mort de son pere, ne reprit point de Fief, & continua néanmoins de joüir de toute la Seigneurie de Sivry, sans être inquiété de la part du Baron d'Antigny.

Jean second étant décedé, & quinze ans après le Préparatoire, l'instance compromissoire périe, & n'étant plus question d'arbitrage ni d'Arbitres ; l'extrême pauvreté des petits enfans de Jean premier, les obligea de vendre aux nommez Moingeon quelques héritages situez aux finage & Village de Sivry, sur lesquels ils se réserverent seulement la Justice ; ce contrat est du 27. Avril 1613.

Le Sieur Baron d'Antigny fit de cette vente un sujet de contestation : pour venir à bout de ce qu'il avoit commencé d'entreprendre depuis si long-tems : son Procureur d'Office prétendit qu'il y avoit lieu à la commise, parce que les Moingeon n'avoient pas repris de Fief entre les mains du Seigneur d'Antigny.

Il doit paroître singulier que le Baron d'Antigny, qui vouloit que son prétendu arriere-Vassal ne pût le priver de sa mouvance, ait fait tant de vains efforts pour priver le Roi de la sienne ; car si les Moingeon devoient les foi & hommage à la Baronie d'Antigny, parce qu'ils étoient possesseurs de partie d'un Fief qu'on prétendoit en relever ; sur le même principe il est évident que les successeurs de Brouhot doivent les foi & hommage au Roi, puisqu'ils sont propriétaires d'une portion autrefois unie à la Baronie d'Antigny, laquelle releve en plein Fief de S. M. si les aliénatious & les démembremens de Fief ne font pas perdre la mouvance aux Seigneurs particuliers ; on ne pense pas que le Souverain, dont les droits sont plus précieux & plus inviolables, doive être de pire condition.

Dans le procès qu'intenta le Baron d'Antigny aux Moingeon, qui apellerent les heritiers Brouhot en garantie, il fournit des écritures que la Partie averse a produites sous cote 44. de son inventaire; lesquelle sécritures confirment l'aveu qu'il avoit déja fait dans sa Requête du 26. Juillet 1730, & dévelopent un point de fait important & décisif, d'une maniere si nette, si claire & si précise, que cette seule piéce sufit pour établir incontestablement que toutes les portions de Sivry ont été réünies à la Baronie d'Antigny, & en ont fait partie; car en parlant des differens propriétaires qui avoient possedé la Terre de Sivry, il s'explique en ces termes.

De tous lesquels Seigneurs propriétaires & possesseurs, Messire Girard de Vienne, Chevalier de l'Ordre du Roi, insayeul dudit Seigneur d'Antigny, auroit aquis le droit; & par ce moyen FUT REUNIE LADITE SEIGNEURIE A SON FIEF DOMINANT DE LADITE BARONIE, dont elle mouvoit, de même que ladite Baronie dépend directement & meut du Roi notre Sire.

Jusqu'à ce que cette piéce ait été produite, le Supliant avoit été forcé de tabler sur les alleguez du Sieur Marquis d'Antigny, qui avoit avancé dans sa Requête du 26. Juillet 1730. qu'anciennement Sivry relevoit de la Baronie d'Antigny, & que dans la suite il y avoit été réüni; mais depuis que la cote 44. a été produite, ce ne sont plus les alleguez seuls du Sr. Marquis d'Antigny, qui servent de fondement au raisonement du Supliant; ce sont les expressions des piéces qu'il employe pour titre; tellement que c'est un fait aquis au procès, qu'avant que les auteurs du Supliant ayent aquis la Terre & Seigneurie de Sivry, Sivry avoit été réüni à la Baronie d'Antigny, & en faisoit partie.

C'est sur ce point de fait important, & qu'il ne faut point perdre de vûë, que sont apuyez les moyens de droit du Supliant, comme on l'établira en son ordre.

On ne conçoit pas trop comment le Sieur Marquis d'Antigny ayant avoüé & si bien prouvé, que la Seigneurie de Sivry avoit été réünie par ses auteurs à la Baronie d'Antigny mouvant du Roi, il a pû dans ses écrits postérieurs à la Requête du 26. Juillet 1730. non seulement dénier cette réünion, mais encore traiter le Supliant d'homme de mauvaise foi, pour avoir adopté son sistême, & tablé sur son allegué, que le Sr. Marquis d'Antigny a si bien soutenu & prouvé par sa cote 44.

Le Baron d'Antigny qui s'étoit déja prévalu de son crédit pour se faire des titres, & se donner une mouvance au préjudice du Roi, & qui y avoit fait consentir Jean Brouhot lors de l'Expédient du 16. Décembre 1579. fit un acte le 19. Avril 1619. que le Sieur Marquis d'Antigny apelle tantôt Transaction, tantôt Sentence arbitrale, & qui, à vrai dire, n'est autre chose, qu'une déclaration extorquée, des petits enfans de Brouhot, à qui il ne restoit pas du pain, lors de cet acte, puisque leur pauvreté les avoit forcez à vendre par parcelles les meilleurs heritages de la Seigneurie de Sivry.

Dans cette déclaration, le Baron d'Antigny, ou plutôt ses Gens d'affaires qui en furent les seuls auteurs, ne réglerent pas seulement à leur gré le differend suscité au sujet de la vente du 7. Septembre 1589. mais les malheureux heritiers Brouhot y prêterent foi & hommage au Baron d'Antigny, & on y stipula que les Moingeon, qui n'étoient point presens, ni ne signerent l'acte, feroient aussi foi & hommage des heritages par eux aquis,

Il n'eft point aifé de comprendre pourquoi le Sieur Marquis d'Antigny qualifie cette paperaffe tranfaction en forme de Sentence arbitrale ; car aucun Arbitre n'y paroît, & cet acte eft uniquement l'ouvrage de fes Domeftiques & gens qui étoient dans fa dépendance ; le Notaire qui le dreffa étoit Etienne Poignie, Greffier de la Juftice d'Antigny. Cette qualité de Greffier eft prouvée par la reprife de Fief du 28. Juillet 1642. dans laquelle on lit, pardevant moi Etienne Poignye, Notaire Royal à Veilly-fous-Antigny, *Greffier en la Baronie dudit lieu* ; on lui voit encore la même qualité dans le dénombrement donné par le Sieur de Montregard le 21. Novembre 1642. ces deux piéces font produites par le Sieur Marquis d'Antigny.

Les témoins de la prétenduë tranfaction font Me. Jean Blancey, *Bailli dudit Antigny*, Loüis Pouffot, *Procureur d'Office en la même Juftice*, & Jean Viard, *Capitaine & Receveur dudit Antigny*, & il eft dit dans le corps de l'acte, qu'il a été paffé dans la grande Salle du Château & Maifon forte d'Antigny ; on laiffe à penfer fi ces miferables heritiers Brouhot enfermez dans une Maifon forte, avec un Notaire & des témoins de la qualité de ceux dont on vient de parler, avoient la liberté requife pour un pareil acte ; & fi le Juge du Seigneur, pardevant lequel on plaidoit, fon Procureur d'Office qui étoit Partie au Procès, fur lequel on prétendoit tranfiger, le Capitaine & Receveur de fa Terre, étoient des témoins, tels que les Ordonnances les demandent, & fi le Greffier de la même Juftice étoit un Notaire non fufpect.

Les Barons d'Antigny firent fi peu de cas de cette prétenduë tranfaction qui n'a jamais été exécutée, qu'ils ne la firent point expédier ; car elle n'a jamais paru que dans ce Procès ; & voici encore comment, & en quelle forme on l'y a fait paroître.

Dabord le Sieur Marquis d'Antigny en produifit une copie informe fous cote 13. le Supliant ayant foutenu, que cette copie n'étant pas en forme probante, ne meritoit aucune foi, le Sieur Marquis d'Antigny de fon noble office en fit faire une copie collationée le 10. Janvier 1731. fans y apeller le Supliant, laquelle copie collationée qu'il a produite fous cote 38. ne merite pas plus de foi que la précédente : voilà l'acte en vertu duquel on prétend qu'il y a eu des reprifes de Fief pofterieures, quoiqu'en aucune de ces reprifes il ne foit fait mention de près ni de loin de cette prétenduë tranfaction : voilà l'acte enfin par lequel le Sr. Marquis d'Antigny prétend avoir enlevé au Roi une de fes mouvances.

On demeure d'acord, que les Moingeon reprirent de Fief de la Baronie d'Antigny le 28. Juillet 1642. mais on auroit bien de la peine à établir qu'un acte de cette qualité, fait vingt-trois ans après la prétenduë tranfaction de 1619. en fût l'exécution, puifque cette tranfaction n'y eft feulement pas rapellée, & que felon les claufes de ladite prétenduë tranfaction, les Moingeon devoient reprendre de Fief, d'abord après l'expiration du terme de la faculté de réméré qu'avoient les Brouhot, & qui ne devoit durer que fix ans.

Mais quand le Baron d'Antigny auroit fait exécuter la prétenduë tranfaction faite, fans que perfonne y parût pour le Roi, cette exécution priveroit-elle Sa Majefté d'une mouvance qui lui apartenoit depuis la réunion?

En 1654. la Baronie d'Antigny fut érigée en Marquifat avec la clause ordinaire, sauf le droit du Roi & d'autrui ; clause qui conserve à Sa Majesté tous les droits de mouvance qui pouroient lui apartenir.

En conséquence, le Sieur Marquis d'Antigny donna son dénombrement le 10. Mai 1656. à la Chambre des Comptes, dans lequel il est dit, que de son Marquisat d'Antigny relévent & sont feodaux les Seigneuries des Terres, Villages & Fiefs suivans ; sçavoir . . . . la Terre de Sivry, membres & dépendances ; la Terre de Sivry à la parc de la Vesvre.

On ne comprend point pourquoi on a répété deux fois la Terre de Sivry dans ce dénombrement, & moins encore pourquoi on a répété ce mot de Terre de Sivry trois fois dans le dénombrement de 1728. auquel le Supliant a été forcé de former oposition.

Le Sieur Marquis d'Antigny a été prié plusieurs fois d'expliquer cette énigme, qui a même fait la matiere d'un incident ; l'explication qu'il en a donnée enfin par son Plaidé du 31. Décembre 1732. c'est qu'il avoit entendu comprendre dans son dernier dénombrement le Fief de Sivry, tel que le posséde aujourd'hui le Supliant, & que l'ont possédé ses auteurs, tantôt sous la dénomination de la Tour de Sivry, tantôt sous celle de la Terre & Seigneurie de Sivry : voilà exactement le fait tel qu'on l'a extrait des propres titres, que le Sieur Marquis d'Antigny a choisis dans ses Archives.

Ces titres ne prouvent point, que dès 1296. la Terre de Sivry ait relevé de la Baronie d'Antigny : il est vrai que dans l'Expédient du 16. Septembre 1579. on visa une prétenduë lettre en parchemin, faisant mention de plusieurs reprises faites au Baron d'Antigny en 1296. mais cette piéce n'est point représentée ; le Sieur d'Antigny en a produit d'autres visées dans le même acte ; il faut qu'il ait eu ses raisons pour cacher celle-là.

Sur le fondement de cette énonciation du prétendu parchemin non prouvée, la Partie averse avança dans sa Requête du 26. Juillet 1730. que dès le douziéme siécle, Sivry relevoit d'Antigny ; car voici ses termes : *Ce que le Sieur Languet posséde en Seigneurie à Sivry, est ce qui composoit, dès le douziéme siécle, le Fief ancien situé à Sivry, apellé le Fief d'Etienne & Loys de Sivry, ou plus communément le Fief de la Tour de Sivry, qui long-tems auparavant que les Seigneurs prédécesseurs du Supliant y possédassent quelque chose, mouvoit en arriere-Fief de la Baronie d'Antigny.*

Dans cette même Requête, & quelques lignes plus bas, la Partie averse ajoute, en parlant d'un tems postérieur : *en ce même-tems le Fief de la Tour de Sivry étoit démembré & possédé divisément par differens Vassaux ; c'est ce qui se voit par un ancien contrat de vente faite le 2. Novembre 1498. par le Sieur de la Boissiere, & autres, à M. Arbaleste, de la moitié qui lui apartenoit, est-il dit, par indivis, des Terres & Seigneuries de Neüilly, Sivry, Vchey, & la Palus, qui étoient pour lors, suivant les anciens Terriers, de la mouvance de la Baronie d'Antigny, dont par conséquent le Sr. Arbaleste étoit Vassal ; c'est de lui que ce qu'il possédoit tant à Neüilly qu'à Sivry, Vchey, & la Palus, a passé au Seigneur d'Antigny pour lors, lequel réunit à sa table, pour parler, suivant les Coutumes ; c'est-à-dire, au Fief dominant ces portions d'arriere-Fief de Sivry & de Neüilly : Neüilly est encore réuni ; pour Sivry, il a été aliéné aux auteurs du Sieur Languet.*

Le Supliant suposa avec le Sieur d'Antigny, que dès la fin du douziéme siécle, Sivry étoit un arriere-Fief d'Antigny, & que dans la suite, il

H

fut réüni à ce Fief dominant, fans l'avoüer, ni le contefter ; & rai-
fonant fur ce principe , il foutint par fa Requête du 5. Janvier 1731.
que par la réunion Sivry étoit rentré dans la mouvance du Roi.

Cette réunion avancée fans preuve de la part du Sieur Marquis
d'Antigny dans fa Requête du 26. Juillet 1730. fut par lui bien-tôt
prouvée par les piéces qu'il produifit dans la fuite, fingulierement par
cette piéce d'écritures par lui fournie le 13. Mars 1619. & produite
fous cote 44. dans laquelle après être convenu que Sivry avoit été
poffédé par differens Seigneurs & Propriétaires , il ajoute ces mots remarquables déja tranfcrits, mais trop importans pour n'être pas répétez:
*de tous lefquels Seigneurs , Propriétaires & Poffeffeurs , Meffire Girard de
Vienne , Chevalier de l'Ordre du Roi , Trifayeul dudit Baron d'Antigny, auroit
aquis le droit , & par ce moyen fut réünie ladite Seigneurie à fon Fief dominant de ladite Baronie dont elle mouvoit , de même que ladite Baronie dépend directement & meut du Roi nôtre Sire.*

C'eft donc une chofe certaine & clairement aquife au procès , par
les aveux & les piéces de la Partie averfe, que la Terre & Seigneurie de Sivry a été poffedée par plufieurs propriétaires indivifément, &
que les Barons d'Antigny ont réuni à leur Baronie toutes ces portions
d'arriere-Fief aliénées.

Cette réunion a été faite, felon le Sieur Marquis d'Antigny ; poftérieurement au douziéme fiécle : donc la défunion a auffi été faite poftérieurement au douzième fiecle, & une partie de ce qui compofoit le
Fief dominant de la Baronnie d'Antigny eft paffée aux auteurs du
Supliant : cette partie a confervé la nature & la qualité du tout qui
eft mouvant du Roi : par conféquent cette partie qui eft la Terre
& Seigneurie de Sivry, n'eft point dans la mouvance du Sieur d'Antigny , mais dans celle du Roi : on établira la conféquence par les
preuves de droit , c'eft affez quant à préfent d'avoir établi en fait,
que de l'aveu, & felon les titres du Sieur Marquis d'Antigny, la Terre & Seigneurie de Sivry étoit un arriere-Fief de la Baronie d'Antigny dans le douzième fiecle, que du depuis les parties divifées de
cet arriere-Fief ont toutes été réunies au Fief ; & que poftérieurement
à cette réunion, l'aliénation en a été faite en faveur de Jean Brouhot , des mains duquel ou de fes héritiers, Sivry eft paffé aux auteurs du Supliant.

Réponfe aux objections.

Premiere objection. Sur quoi le Sieur Languet a-t-il avancé que le
Baron d'Antigny réunit à fa Baronie toutes les portions de Sivry ?

Réponfe. Sur la cote quarente-quatre où après avoir parlé des portions poffédées par le Sieur de Labaume, Loys Berthiot , Arbalefte ;
Maugeard , Antoine de Chernoi , Sieur de l'Eftriviere ; Margue-
ron & autres , il eft ajoûté : *de tous lefquels Seigneurs , propriétaires
& poffeffeurs, Girard de Vienne avoit aquis le droit ; & par ce moyen fut
réünie ladite Seigneurie de Sivry à ladite Baronie d'Antigny , dont elle
mouvoit , de même que ladite Baronie dépend directement & meut du Roi
nôtre Sire.*

Que le Fief de la Tour de Sivry, & la Seigneurie de Sivry foient la même chose, ou choses distinctes, peu importe, puisque par la propre piéce produite par le Sieur Marquis d'Antigny, il est prouvé que toutes les portions de Sivry sans distinction, furent réunies à la Baronie d'Antigny.

Il est surprenant, qu'après des expressions aussi nettes & fournies par une main non suspecte, on s'avise de dire que Sivry n'a pas été réuni à la Baronie d'Antigny.

Seconde objection. Il n'y a point de distinction à faire entre le Fief de Sivry, & la Seigneurie de Sivry.

Réponse. Puisque Brouhot avoit d'abord aquis les quatre quarts du Fief de la Tour de Sivry, la justice & tous les droits en dépendans, sans aucune réserve ni exception ; il faloit bien que le Fief fût distinct de la Seigneurie, mais qu'il fût distinct ou non, c'est chose indifferente, puisque les écritures du 13. Mai 1619. prouvent que toutes les portions de Sivry, & la Seigneurie de Sivry, furent réunies à la Baronie d'Antigny ; l'argument est sans réplique.

Troisiême objection. La Seigneurie non plus que le Fief de la Tour de Sivry, n'ont jamais fait partie de la Baronie d'Antigny.

Réponse. Pour tenir impunément ce langage, il ne faudroit pas avoir produit la piéce qui est sous cote 44. comment est-ce qu'après avoir si clairemant prouvé par cette piéce, que la Seigneurie de Sivry, & tout ce qui en fait partie, fut réuni à la Baronie, on peut nier ce qui y est contenu ? le Fief & la Seigneurie, selon la Partie averse font une seule & même chose ; que ce que possedoient Arbaleste, Maugeard, & autres : or la Tour de Sivry, & la Seigneurie elle-même a été réunie ; il n'est donc pas concevable que le Sieur Marquis d'Antigny en ayant produit une preuve aussi peu équivoque, s'avise de dire qu'il n'y eut jamais de réunion du Fief de la Tour, ni de la Seigneurie de Sivry à la Baronie d'Antigny.

PREMIERE PREUVE DE DROIT.

Par la réunion du Fief servant au Fief dominant, l'un & l'autre deviennent de la même nature & de la même mouvance.

DE la réunion aussi évidemment prouvée qu'elle l'est, il suit que l'arriere-Fief & Seigneurie de Sivry sont devenus de même nature que le Fief dominant, & ont été dans la même mouvance ; en sorte que le Fief dominant d'Antigny, mouvant immédiatement du Roi, l'arriere-Fief & Seigneurie de Sivry qui y ont été réunis, sont aussi dans la même mouvance : nos livres sont pleins de raisons, & d'autoritez qui établissent cette Jurisprudence.

Les mouvances, l'obligation de faire foi & hommage, & les autres devoirs de Fiefs, sont de véritables servitudes *servitus est jus, quo res, rei vel personæ servit.* or toute servitude s'éteint par la réunion & consolidation du fond servant au fond dominant : la Loi 30. *ff. de servit. urb.* s'en explique ainsi, *si quis ædes quæ suis ædibus servirent, cùm emisset, traditas sibi accepit, confusa, sublataque servitus est :* & la Loi 1. *ff. quemadm. servit. amitt.* dit : *servitutes prædiorum confunduntur, si idem utriusque prædii Dominus esse cœperit.*

Cette maxime triviale en droit, & établie par une infinité d'autres Loix, est apliquée par Mornac sur la Loi 5. *ff. si ususfr. pet.* à la question dont il s'agit; l'Auteur se sert de ces termes: *regula hujus Legis ut nemini res sua serviat, vulgatissima est, locumque habet præcipuè in feudis, cùm scilicet qui habet feudum dominans, feudum postea serviens comparat, vel contra; feudi enim servientis species interit penitùs, & spectatur duntaxat feudum dominans.*

Il raporte au même endroit un exemple célébre de la Reine Marguerite, dont les Auteurs avoient aliené une Terre de son Comté, & réuni ensuite à son Fief dominant: contestation après la réunion, pour sçavoir à qui apartenoit la mouvance; il fut décidé qu'elle apartenoit à la Couronne: *ita demùm Regina obtinuit.*

Poquet de la Livoniere Professeur du Droit François à Angers, dans son Traité des Fiefs imprimé en 1730. livre 2. ch. 2. sect. 1. s'explique ainsi de la réunion dont il s'agit, & de ses effets.

Cette réunion se fait en quatre cas. Le 1. Qand le Seigneur aquiert la Censive mouvante de son Fief.

Le 2. Quand le propriétaire d'un héritage censif aquiert celui dont il releve.

Le 3. Quand le Vassal ou propriétaire du Fief servant aquiert le Fief dominant.

Le [4. Quand le Seigneur ou propriétaire du Fief dominant aquiert le Fief servant.

Les effets de cette réunion sont. 1° Que les choses censives réunies au Fief, deviennent dans le moment & de plein droit feodales & hommagies, comme faisant partie du corps & du Domaine du Fief auquel elles sont incorporées; & ne peuvent plus dans la suite en être démembrées, si ce n'est par les voies permises par les Coutumes. Delà il resulte que quand le Fief est ouvert, le Seigneur peut saisir feodalement lesdites choses, autrefois censives, ainsi que le reste du Fief & en faire les fruits siens; & quand le Fief tombe en rachat, il se leve sur lesdites choses censives, ainsi que sur le surplus du Fief.

Il en est de même de tous les autres droits feodaux que le Seigneur dominant prend sur lesdites censives, comme sur ce qui composoit l'ancien Domaine du Fief: le tout ensemble tombera en commise, en retrait feodal . . . parce qu'en un mot ce n'est plus qu'un même corps de Fief.

Cet effet est perpetuel. . . . .

Le second effet de la réunion par raport aux Fiefs servans consolidez aux Fiefs dominans, est que les uns & les autres sont confondus, & ne sont plus qu'un corps de Fief qu'il faut rendre par même aveu, & sous une seule & même foi & hommage, en telle sorte qu'ils ne peuvent plus dans la suite être divisez.

Selon la cote 44. du Sieur Marquis d'Antigny toutes les portions de la Seigneurie de Sivry possedées indivisement par differens particuliers, avoient été réunies à la Baronie d'Antigny, & ont été depuis aquises par Jean Brouhot; il est le premier qui depuis la désunion ait fait foi & hommage des differentes parties par lui aquises en 1574. 1578. & 1589.

Selon l'Auteur qu'on vient de citer, par la réunion de la Terre & Seigneurie de Sivry, & les parties qui la composoient, tout étoit devenu de même nature que le Fief dominant, lequel étoit dans la mouvance du Seigneur Suzerain, qui dans le cas particulier est le Roi, selon la même cote 44. donc Sivry, en quoi qu'il puisse consister, étoit dans la mouvance du

Roi : d'où il fuit qu'il y doit toujours être , puifque les mouvances font un bien de la Couronne qui ne peut jamais être aliené.

Vainement objecteroit - on que depuis la réunion le Fief de la Tour de Sivry a été donné en arriere-Fief à des Vaffaux qui ont relevé de la Baronie d'Antigny ; car outre que cela n'a pas été permis au Seigneur d'Antigny , & que des aliénations à charge de la foi & hommage en faveur d'un autre que du Roi , étoient formellement contraires aux Loix du Royaume & au ftatut municipal , comme on l'établira en fon ordre ; le prétendu arriere-Fief a été réuni en 1589. à la Terre & Seigneurie de Sivry faifant partie du Fief dominant , & par confequent eft devenu de la même nature que le Fief dominant , c'eft-à-dire mouvant du Roi ; puifque felon l'Auteur qu'on vient de citer , & la jurifprudence des Arrêts , de quelque maniere que fe faffe l'union , ou du tout à la partie , ou de la partie au tout , l'un relevant du Roi , il faut néceffairement que l'autre en releve.

Le même Poquet de la Livoniere dans fon Recuëil d'Arrêts célebres donnez au public à la fuite de la Coutume d'Anjou en 1725. tom. 2, *in folio* , traitant encore de la réunion des Fiefs & de fes effets , s'explique ainfi, *Nous avons parlé amplement de cette matiere dans nôtre Traité des Fiefs , nous y avons établi pour principe que le Fief fervant & le Fief dominant fe trouvans poffedez à titre d'aquêt , ou autre titre tranflatif de propricté , il s'en fait une réunion de plein droit , & ces deux Fief réunis font confondus , & ne font plus qu'un même corps de Fief , qu'il faut rendre fous un feul aveu & fous une feul & même foi & hommage.*

L'Auteur confirme fa propofition par trois Arrêts qu'il raporte & dont il fait les efpéces qui font femblables à celle du Procès.

Bacquet dans fon Traité des Droits de Juftice , chap. 14. nomb. 7. établit par des autoritez & des Arrêts , que le Fief fervant étant aquis par le Seigneur dominant , eft fait de pareille nature & mouvance que le Fief dominant,

Pour prouver de plus en plus fa propofition , au nombre 10, il raporte un Arrêt dans l'efpece duquel il paroît qu'Athis fur Orge eft un Fief dominant qui releve du Roi , lequel Fief avoit un arriere-Fief apellé la Boudrague , fitué au même Village d'Athis.

Le Seigneur aquit l'arriere-Fief en 1486. & réunit par confequent l'arriere-Fief au Fief dominant.

Le Sieur Viole Seigneur d'Athis , voulant être fervi de ce Fief , comme fes predeceffeurs l'avoient été avant la réunion ; il fit faifir fur le propriétaire de l'arriere-Fief pour droits & devoirs non faits , & dénombrement non baillé.

Le Procureur du Roi du Tréfor , pretendit de fon côté que depuis la réunion , le Fief de la Boudrague étoit dans la mouvance du Roi , de même que la Seigneurie d'Athis ; & que quand même le Seigneur d'Athis en alienant le Fief de la Boudrague, auroit ftipulé que ledit Fief releveroit de lui en arriere-Fief ; une telle convention ne pouroit point préjudicier au Roi , auquel dès l'inftant de l'aquifition faite par le Seigneur dominant de l'arriere-Fief de la Boudrague , la mouvance & tenure dudit Fief de la Boudrague avoit été aquife fans qu'il fût befoin de déclaration ni d'union expreffe ; & fupofé que le Seigneur d'Athis ou fes predeceffeurs depuis l'aquifition faite du Fief de la Boudrague , *euffent cauteleufement mis*

*en quelqu'aveu & dénombrement qu'ils auroient baillé au Roi de la Seigneurie
d'Athis, que le Fief de la Boudrague étoit arriere-Fief d'Athis, & immediatement mouvant dudit Athis ; toutefois tel aveu ne pouroit préjudicier au
Seigneur & Propriétaire du Fief de la Boudrague, qui n'étoit present ni con-
sentant, lorsque ledit aveu pouroit avoir été baillé.*

Après de longues procédures il y eut Sentence au Trésor, le 27. Août
1573. par laquelle *le Fief de la Boudrague fut déclaré être tenu & mouvant en
plein Fief, foi & hommage du Roi, à cause de la Châtellenie de Montlhery, &
ordonné que le Propriétaire dudit Fief de la Boudrague, seroit tenu faire & prêter
les foi & hommage & serment de fidelité dûs au Roi à cause dudit Fief, lui payer
les droits & devoirs Seigneuriaux, si aucuns sont dûs, & bailler son aveu & dénombrement &c.*

Le Seigneur d'Athis qui se prétendoit Seigneur dominant ayant interjeté apel de cette Sentence, elle fut confirmée par Arrêt du Parlement
de Paris, dit Bacquet.

L'espece est ici la même, si l'on suit le sistême & les piéces de
Mr. le Marquis d'Antigny : la Boudrague étoit anciennement un arrie-
re-Fief d'Athis ; le Seigneur d'Athis aquit cette arriere-Fief en 1486.
Sivry étoit anciennement un arriere-Fief de la Baronie d'Antigny, le
Baron d'Antigny aquit toutes les portions de cette Seigneurie posse-
dées indivisément par differens Propriétaires ; jusques-là tout est égal.

Postérieurement à l'aquisition de la Boudrague, cet arriere-Fief sortit
des mains du Seigneur d'Athis : postérieurement à l'aquisition de toutes
les parties de Sivry, le tout est sorti des mains des Seigneurs d'Antigny : le Sieur Viole prétendoit, que ses Prédécesseurs avoient été servis du Fief de la Boudrague avant la réunion, peut-être même le prou-
voit-il : Mr. d'Antigny prétend, que les siens ont aussi été servis du
Fief de Sivry, mais il ne le prouve pas.

Le Procureur du Roi à son tour soutenoit, que les devoirs de Fief
depuis la réunion n'etoient dûs qu'au Roi, dont les droits sont im-
prescriptibles ; que par l'aquisition qu'avoit faite le Seigneur d'Athis de
l'arriere-Fief, le Fief servant & le Fief dominant avoient été consolidez,
que les choses par cette consolidation étoient revenuës à leur principe,
c'est-à-dire, que le tout devoit foi & hommage à Sa Majesté à cause
de saChâtellenie de Montlhery.

Le Procureur du Roi de la Chambre du Domaine, Partie interve-
nante a soutenu ici la même chose.

La Chambre du Trésor de Paris ajugea la mouvance au Roi : le Parlement confirma la Sentence.

La Chambre du Domaine de Dijon a jugé de même.

Il y a aparence que dans un cas pareil, la Cour, qui n'est pas moins
atentive aux interêts de S. M. ne rendra pas un Arrêt different, & qu'elle décidera que l'ancien arriere-Fief, soit de Sivry, soit de la Tour de
Sivry, ayant été réuni au Fief dominant de la Baronie d'Antigny, est
rentré   s la mouvance du Roi, *ipso facto, ipso jure*, & que par
conséquent aucune aliénation posterieure, n'a pû le tirer de cette mouvance, les droits de la Couronne, tels que sont les mouvances, étant
inalienables de leur nature.

Mr. le Prêtre, cent. 2. chap. 64. de la réunion des Fiefs & censives,
dit : qu'en vertu de l'aquisition de l'arriere-Fief faite par le Seigneur du

Fief dominant, ou du Fief dominant par le Seigneur du Fief servant, les deux Fiefs sont réunis *ipso jure*, & pareillement que par l'aquisition des héritages tenus en censive faite par le Seigneur du Fief, ou du Fief par le Propriétaire des héritages en censive, le cens réuni au Fief n'est plus qu'une même chose.

La raison selon lui est, que tout retournant naturellement à son origine, & se réunissant facilement à son principe, les censives ayant été distraites des Fiefs dominans, & les arriere-Fiefs des Fiefs; dès qu'ils retombent entre les mains de leur premier Seigneur, ils reprennent leur premiere nature; & deux qualitez contraires ne pouvant subsister ensemble, il est plus naturel que la plus noble atire à elle celle qui l'est moins; il ne faut donc pas être surpris si par l'union de l'arriere-Fief au Fief dominant, l'arriere-Fief perd sa qualité qui est moins noble, pour prendre celle du Fief dominant qui est plus noble.

Comment se pourroit-il faire en effet, que celui qui possede le Fief dominant & l'arriere-Fief tout ensemble, fût Seigneur dominant & Seigneur servant, superieur & inférieur de lui-même? Personne n'ignore que ces deux qualitez ne peuvent se rencontrer: *nemo sibi servit*.

C'est conformément à ce principe, que selon la Loi 95, *ff. de solut.* dès que le débiteur devient créancier, la dette & l'obligation de payer cessent, parce que personne ne peut être débiteur de soi-même.

Nul doute par conséquent, que l'aquisition de l'arrie-Fief de la Tour de Sivry faite par les Seigneurs du Fief dominant d'Antigny, n'ait fait cesser la mouvance de l'arriere-Fief, & n'ait déchargé le Propriétaire de la Tour & Seigneurie de Sivry, de l'obligation de rendre hommage au Seigneur d'Antigny, car sans cela le Seigneur d'Antigny seroit devenu dépendant & Vassal de lui-même, ce qui n'est pas concevable.

Pour confirmer la maxime, que la réunion du Fief servant au Fief dominant, se fait *ipso jure*, Mr. le Prêtre dans le même endroit, raporte six Arrêts qui l'ont ainsi décidé, dont le dernier est du mois d'Avril 1607. lequel a jugé, que l'effet de la réunion est tel, que ce qui est réuni au Fief est censé même chose que celle à laquelle il est réuni, de sorte que l'arriere-Fief devient plein Fief, & au lieu qu'auparavant, la foi, hommage, & les devoirs de l'arriere-Fief apartenoient au Seigneur du plein Fief, ils apartiennent au Seigneur suzerain, & se rendent conjointement audit Seigneur suzerain comme d'une même chose.

Le Scholiaste de Mr. le Prêtre dans l'endroit cité soutient qu'aujourd'hui la Jurisprudence est certaine au Palais, que la réunion & consolidation se fait *ipso jure*, en sorte que l'arriere-Fief & le Fief dominant sont dans la même mouvance.

Il est dit dans l'article 53. de la Coutume de Paris : *que les héritages aquis par un Seigneur de Fief en sa censive, sont réunis à son Fief, & censez féodaux, si par exprès le Seigneur ne déclare qu'il veut que lesdits héritages demeurent en roture.*

Brodeau sur cet article assure : que la réunion de la censive au Fief se fait de plein droit & d'elle-même, selon les derniers Arrêts, sans qu'il soit besoin du fait & du ministere de l'homme.

Et dans le nombre 12. il ajoute : *que le même a lieu pareillement en* l'aquifition que fait le Seigneur dominant de l'arriere-Fief, c'eft-à-dire, du Fief tenu & mouvant immédiatement de lui, ou quand il lui échet par fuccef-fion, dons ou legs, ou qu'il le retient par retrait féodal, ou que le Propriétaire du Fief fervant aquiert le Fief dominant, en tous lefquels cas l'arriere-Fief demeure non feulement féodal comme auparavant l'aquifition, mais uni, con-folidé, & incorporé de plein droit au Fief dominant, & devient plein Fief, fans confiderer fi autrefois ç'ont été deux Fiefs diftincts & féparez.

Tournet fur le même article rend la raifon de cette confolidation, en citant ces deux Loix qui la démontrent : *quia quæcumque aliis juncta five adjecta, acceffionis loco cedunt, L. in rem, 23. §. 5. ff. de rei vindic. quia ei cedunt cujus major eft fpecies ; femper enim cùm quærimus quid cui cedat, illud fpectamus ut acceffio cedat principali. L. cùm horum 19. §. 13. de auro vel argento legato.*

„ De-là fuit (continuë Tournet) qu'il faut une déclaration expreffe
„ pour empêcher la réunion, laquelle fe doit faire dans l'an & jour de
„ l'aquifition ; autrement l'an & jour paffez, tel heritage acquis eft ré-
„ puté uni & confolidé au Fief : il y a de ce Arrêt des Bouchard
„ du 26. Juillet 1529, autre Arrêt des grands Jours de Poitiers du 8.
„ Octobre 1579. il y a trois autres Arrêts donnez *in fimili* & jugeant la
„ réunion être faite, s'il n'y a déclaration expreffe, même auparavant
„ la réformation de cette Coutume & l'addition de cet article ; fçavoir,
„ l'Arrêt de l'an 1570. du 11. Juin, entre Claude Odoart & Gratian de
„ Pontenille, donné en la quatrième Chambre, au Raport de Mr. Paf-
„ toureau ; l'autre du 21. Février 1599. entre Baudry & les Gueret ;
„ & le troifième du 22. Février 1601. entre Mrs. de Bragelonne & de
„ Monthelon . . . . la Coutume d'Orléans art. 20. veut qu'en
„ aquerant, la déclaration foit faite ; & néanmoins nôtre Coutume ne le
„ fpécifiant point, il eft meilleur de fuivre l'avis de M. Guy. Coquille
„ en fes Inftituts au Droit François, ch. des Fiefs, qu'après l'an paffé,
„ la réunion foit préfumée faite, *ipfo jure*, fi la déclaration n'en a été
„ faite dans ledit an & jour.‟

Coquille dans l'endroit cité par Tournet, après avoir agité la quef-tion la réfout ainfi, *dont réfulte que pour éviter toutes difficultez, le Vaffal ayant aquis ce qui eft mouvant de lui en Fief ou en roture, doit déclarer avant l'an & jour paffé de fon aquifition, qu'il entend le tenir en Fief, ou en Roture, fans le réunir, & fignifier fa déclaration à fon Seigneur féodal : car la joüiffance d'an & jour fait préfumer la réunion ; ainfi, difent les Ca-noniftes, quand un Bénéficier aquiert de fes deniers ce qui eft mouvant de fon Eglife.* Selon cet Auteur, pour empêcher la réunion, le Baron d'Anti-gny en réuniffant l'arriere-Fief au Fief, auroit dû déclarer au Roi qu'il entendoit que Sivry demeurât toujours arriere-Fief & le poffeder en cette qualité, ce qu'il n'a pas fait.

Dupleffis, tome 2. Traité du Dépié de Fief, *fol.* 81. édition de 1728; dit que *la confolidation & réunion qui a lieu en matiere de Fief, & qui fe fait ipfo jure, eft une maxime effencielle de tous les Fiefs, & très-favorable pour rejoindre à l'ancien Domaine ce qui en avoit autrefois été démembré ; &* plus bas : *cette confolidation fe fait fi bien, & la réunion tient fi fort, que le vaffal qui a aquis, ne la peut plus après cela détruire, au préjudice du Sei-gneur dominant dont il releve, en mettant la chofe aquife hors fes mains.*

Bacquet Traité des Francs-Fiefs, ch. 7. n. 15. & 16. dit, que tout ce qui eſt aquis par le Poſſeſſeur d'un Fief eſt de même nature ; il dit la même choſe dans le n. 16. du tit. 14. des droits de Juſtice, & en raporte pluſieurs Arrêts.

Mr. Loüet, lettre F, ſomm. 5. raporte auſſi pluſieurs Arrêts qui ont jugé la queſtion, entr'autres celui d'entre Baudry & les Gueret du mois de Février 1599. avec cette note qui eſt très remarquable, *jugé qu'ayant aquis le Fief duquel p'uſieurs cenſives ſont mouvantes, & qui apartiennent à l'aquereur, elles ſont faites féodales ſans autre déclaration expreſſe de l'aquereur ; & ce en la Coutume de Blois qui n'en diſpoſe point en particulier.*

Delà il ſuit qu'encore que nôtre Coutume ne contienne point de diſpoſition préciſe ſur la queſtion, elle y doit être jugée ſelon les régles & les maximes du droit commun, qui veulent que les choſes reviennent à leur principe, lorſque l'obſtacle ceſſe, & que la ſervitude ſoit éteinte l'union de deux fonds.

Le Commentateur de Mr. Loüet dans le même endroit prouve par une infinité de raiſons, d'autoritez & d'exemples cette propoſition par lui avancée ; *il a toujours été jugé que les réunions ſe faiſoient ipſo jure, ſans qu'il fût beſoin d'aucune déclaration expreſſe ni tacite pour ce regard.*

En parlant de l'Arrêt des Bouchards, il s'explique ainſi ; *& partant il fut jugé dèſlors* (c'eſt-à-dire, avant la réformation de la Coutume de Paris, & qu'il y en eût aucune diſpoſition) *que la réunion ſe faiſoit ipſo jure, facto hominis non accedente, ſans qu'il fût beſoin d'aucune déclaration pour cet effet.*

Après avoir cité nombre d'Auteurs pour ſon ſentiment, il ajoute que Joannes Galli queſt. 16. d'Argentré ſur Bretagne art. 340. Rat ſur Poitou, art. 132. Pontanus ſur Blois art. 66. & 67. Coquille ſur Nevers, art. 30. des Fiefs, Chopin ſur Paris, tit. 2. n. 25. & liv. 1. du Domaine, Bouchel ſur Valois, art. 21. Mornac ſur la Loi 7. *Cod. de pactis*, & ailleurs, l'Hoſte ſur Loris, chap. 2. article 28. Charondas, Tronçon & les autres Commentateurs de la Coutume de Paris, art. 53. ſont de même avis.

Enfin, conformément à ce que penſent tous ces Auteurs ; il s'explique en ces termes dans la page 417. de l'édition de 1648. *le Seigneur dominant aquerant les arrieres-Fiefs tenus & mouvans de ſon Fief, ils demeurent réunis au corps du Fief, comme les membres à leur chef.*

Ortus cuncta ſuos repetunt, truncumque reviſunt.

On peut dire à la vûë de ces autoritez choiſies parmi un nombre preſqu'infini dont nos Livres ſont remplis, qu'il n'y a point de Juriſprudence plus certaine au Palais, que la propoſition qu'on vient d'établir, & que ſi elle n'eſt pas démontrée, c'eſt la faute du Défenſeur du Sieur Languet, & non du droit de ſa Partie.

Réponſe aux Objeſtions.

" *Premiere objeſtion.* Le Fief de la Tour de Sivry n'a jamais été réuni
" au Fief dominant d'Antigny, du moins pour le tout ; parce que les
" Barons d'Antigny n'ont jamais poſſédé le Fief de Sivry, ils n'en ont
" jamais eu que ce qui apartenoit au Sieur Arbaleſte, par conſéquent
" il n'y a que cette portion qui auroit pû y être réunie, & le Sieur

„ Languet ne peut se dispenser de rendre les soi & hommage au moins
„ pour les autres portions qui en apartenoient au Sieur de la Baulme,
„ & aux héritiers Berthot, aquises par le Sieur Brouhot.

Réponse. Si l'affaire n'interessoit que deux Particuliers, l'acomodement
que propose Mr. le Marquis d'Antigny seroit peut-être proposable,
mais il y a peu d'aparence que Messieurs les Gens du Roi soient d'avis
de composer avec lui.

Quand il dit que le Fief de la Tour de Sivry n'a jamais été réuni à
la Baronie d'Antigny, il a oublié ce qui est dit sous la cote 44, de
son inventaire; il trouvera donc bon qu'on lui en rapelle le souvenir, &
qu'encore une fois on lui transcrive en cet endroit ce que dit cette
piéce importante, dont voici les termes : *de tous lesquels Seigneurs,
Propriétaires & Possesseurs, Messire Girard de Vienne, Chevalier de l'Ordre du
Roi, trisayeul dudit Baron d'Antigny auroit aquis les droits, & par ce
moyen fut réunie ladite Seigneurie à son Fief dominant de ladite Baronie
dont elle mouvoit, de même que ladite Baronie dépend directement & meut
du Roi nôtre Sire.*

Le titre ne dit pas seulement que la Seigneurie fut réunie au Fief
dominant, mais il fait mention de tous les Propriétaires & Possesseurs
au nombre de cinq ou six des differentes portions de la Seigneurie de
Sivry, toutes lesquelles portions le Baron d'Antigny aquit de ces differens
Possesseurs, & les réunit à son Fief dominant de ladite Baronie.

Comment est-ce qu'après des expressions si énergiques, si claires, si
peu douteuses, & après avoir produit la piéce qui les contient, on
peut avancer avec sécurité que le Sieur Languet a *erré en fait*, que ses
raisonnemens portent sur un faux fondement, & que le Fief de la Tour
de Sivry n'a jamais été réuni au Fief dominant d'Antigny; au moins
pour le tout? Quelle est donc la portion que le titre sous cote 44, a
exceptée? N'y est-il pas dit que le Seigneur d'Antigny aquit le droit des
Possesseurs de toutes les portions de Sivry, & que par ce moyen lad.
Seigneurie, & non pas une partie, fut réunie au Fief dominant?

Une fois pour toutes, l'acte n'est point équivoque; il annonce une
réunion de toutes les parties du Fief servant au Fief dominant : c'est le
fait le plus certain, & le plus clairement prouvé au Procès; car on
n'a jamais douté en droit qu'un acte quel qu'il soit ne fasse une foi
pleine & entiere contre celui qui le produit. C'est même un brocard
de droit, *contrà producentem fidem facit.*

Lorsque les auteurs du Sieur Marquis d'Antigny faisoient écrire la
piéce en question, leur défenseur étoit monté jusqu'à la source des aliénations des differentes parties du Fief & Seigneurie de Sivry; & en re-
montant ainsi jusqu'à ce principe, il avoit trouvé que c'étoit le Baron d'Antigny, qui après avoir uni en sa personne tant la portion d'Arbaleste que
les autres, & les avoir par ce moyen réunies au Fief dominant, les
avoit vendues à differens particuliers, qui à leur tour médiatement ou
immédiatement les vendirent au Sieur Brouhot; sçavoir, l'un les trois
quarts du Fief de la Tour de Sivry, l'autre le quatriéme quart, & le
Baron d'Antigny lui-même tout ce qui lui restoit de Justice & droits
Seigneuriaux dans le Finage & Village de Sivry : c'est-là exactement
& à la lettre le fait tel qu'il résulte des piéces.

Mais quand on suposeroit avec le Sieur Marquis d'Antigny, que jamais il n'y a eu d'uni à son Fief dominant, que la portion aquise par les auteurs du Sieur Arbaleste, il ne suivroit pas de là que cette portion seule fût demeurée dans la mouvance du Roi, & que les autres en fussent exemtes.

La maxime étant certaine que par la réünion tout devient de même nature, il faut nécessairement que la portion d'Arbaleste soit devenuë Fief servant, ou que les portions provenant de Berthaut, de Labaulme & d'autres, soient devenuës Fief dominant : il faut que la mouvance du Roi ait cédé à celle du Seigneur particulier, ou que celle du Seigneur particulier ait cedé à la mouvance du Roi : or il n'est pas possible d'imaginer que le plus Noble cede au moins Noble ; il est des regles au contraire que *denominatio sumitur à nobiliori parte*, & que l'accessoire cede au principal : en effet nous voyons tous les jours que les petits ruisseaux se perdent dans les grands fleuves, & en prennent le nom & la nature aussi-tôt qu'ils y sont unis : par conséquent les portions de Sivry ayant été unies avec une Partie du Fief dominant, ces portions auroient toujours pris le nom & la qualité de Fief dominant : ainsi point de composition à faire ; il faut que Sivry soit tout entier mouvant du Roi, ou de la Baronie d'Antigny ; il n'y a point de milieu, dans la supofition même du Sieur d'Antigny ; outre qu'il est bien clairement prouvé par la cote 44. que toutes les parties de Sivry ont été réünies à la Baronie d'Antigny, & que par d'autres actes il paroît que le Baron d'Antigny a aliéné tout ce qui lui apartenoit à Sivry, sans exception ; il sufiroit qu'il n'eût aliéné qu'une portion de cette Seigneurie incorporée au Fief dominant, pour prouver que toute la Seigneurie & arriere-Fief de Sivry est rentré dans la mouvance du Roi.

Chopin, sur la Coutume de Paris, liv. 1. tit. 2. nomb. 27. s'en explique ainsi : *est à noter que le Seigneur seulement de la douziéme partie du Fief dominant, ayant aquis purement & simplement, ou par retrait les fonds servans & censuels, il les a rendus féodaux par une taisible réünion, pour le tout, & non pas seulement pour sa part ; parce que le droit de réünion est réel, & non personel, & que la condition de la chose commune peut être renduë meilleure par un de ceux qui y a part.*

Mais l'examen de cette hipothese est bien inutile ; puisqu'il est démontré par les piéces qu'a produites Mr. le Marquis d'Antigny, que la Seigneurie de Sivry, en quoi qu'elle ait pû consister, a été réünie au Fief dominant par ses auteurs.

Seconde objection. Du Moulin sur l'article 20. de la Coutume de Paris gl. 1. nomb. 68. & 69. est d'avis que l'union ne se fait pas de plein droit, & s'en explique ainsi : *resolvendo puto indistinctè, quòd non tenetur unire, sed potest separatim possidere, quoniam quilibet est moderator & arbiter in re sua. . . . . . Ad objecta 1°. de repugnantia extremorum : respondeo quòd qualitates & correlationes feudales, magis reales quàm personales, res ipsas propriò, & non personas afficiunt ; undè quàm diu res dominans & res serviens remanent separatæ & distinctæ, etiamsi spectant ad eamdem personam, non est inconveniens : quia non gerit utrumque extremum correlationis respectu ejusdem rei, sed respectu diversarum & separatarum rerum, super quibus propriò, & non super persona illa, relatione fundantur ; sed simul uniuntur in unam & eamdem rem, & tunc necessariò confunduntur illæ correlationes : & res unita desinit esse subfeudum, & efficitur pars integralis, & æquè princi-*

palis rei, vel feudi principalis : & incipit immediatè teneri, & moveri à feudo superiori, à quo dependet feudum cui facta est unio.

Il dit la même chose sur l'article 33. & Legrand, art. 27. de la Coutume de Troyes, adopte son sentiment.

Réponses 1° Du Moulin dit seulement que le Seigneur dominant qui aquiere l'arriere-Fief, n'est pas tenu de l'unir à son Fief dominant, mais il convient que quand il l'a uni, l'arriere-Fief est confondu avec le Fief, *tunc necessariò confunduntur illa correlationes : & res unita definit esse subfeudum, & efficitur pars integralis, & aquè principalis rei, vel feudi principalis, & incipit immediatè teneri, & moveri à feudo superiori, à quo dependet feudum cui facta est unio.*

Or dans le cas particulier le Baron d'Antigny a réüni à son Fief dominant toutes les portions de la Terre & Seigneurie de Sivry, selon la cote 44. de la Partie averse; donc selon du Moulin même, l'arriere-Fief est devenu Fief dominant, & a été dès ce moment dans la mouvance du Seigneur Suzerain, qui est le Roi.

2° Du Moulin seul a entrepris de prouver que l'union ne se fait pas de plein droit, sans le ministere de l'homme; les Arrêts avant & après la réformation de l'ancienne Coutume de Paris ont jugé le contraire; la multitude d'Arrêts donna lieu à la réformation, & l'opinion de tous les Auteurs est conforme à cette Jurisprudence; on ne pense pas que le sentiment de du Moulin puisse prévaloir à celui de tous : *Nec unus omnes, nec omnes unum fallere possunt.*

3° Du Moulin a entrepris de combatre la disposition d'une infinité de Loix qui assurent que personne ne peut être supérieur & inferieur à la fois, débiteur & créancier, que la même chose ne peut nous apartenir & nous être hipotequée, & qu'enfin le même Seigneur ne peut se rendre foi, hommage & serment de fidelité à lui-même; & son raisonnement est fondé sur une subtilité frivole.

Il dit en effet, que les relations feodales sont réelles & non pas personnelles, voilà sur quoi son sistême roule; mais n'est-il pas évident que la relation qu'il y a entre le Fief dominant & le Fief servant, comprend la chose & la personne? n'est-ce pas la personne qui possede l'arriere-Fief qui est obligé à des devoirs envers celle qui possede le Fief? qu'on combine, qu'on aproche, ou qu'on éloigne tant qu'on voudra l'arriere-Fief du Fief, si l'on fait abstraction des personnes, jamais l'un ne devra rien à l'autre; on ne trouvera là, ni le fondement ni le terme de la relation; par conséquent la relation n'y sera pas; mais qu'on joigne aux deux choses les deux personnes; d'un côté on aura le fondement de la relation, de l'autre, on aura le terme, & alors il résultera une obligation de l'un de rendre des devoirs à l'autre, qui est la relation que du Moulin a crû pouvoir subsister sans les personnes. Qu'on ôte les personnes, plus d'obligation, plus de devoirs : qu'on les joigne aux choses, alors il naît une obligation entr'elles de rendre des devoirs par l'une à l'autre : si on suprime une personne & que l'autre possede le fond qui étoit superieur, & celui qui étoit inferieur, qui sera alors obligé de rendre des devoirs à la personne superieure? n'est-il pas évident qu'en ce cas toute obligation cesse, puisqu'il n'y a plus d'inférieur qui puisse ni doive reconnoître son superieur? n'en déplaise à ce grand homme, c'est la chose du monde la plus absurde d'avoir imaginé qu'en ce cas le possesseur de l'arriere-Fief est tenu de prêter foi & hommage & serment de fidelité au possesseur du Fief qui est lui-même. Du Mou.in a trop subtilisé dans cet endroit, & sa subtilité s'en est allée en fumée, puisque les Arrêts ni les Auteurs, si on en excepte un seul, n'en ont point été touchez.

4° Mr. d'Argentré sur l'article. 340. de la Coutume de Bretagne, a établi par des autoritez & des raisonnemens solides, que du Mouli en cette ocasion étoit tombé dans l'erreur ; il seroit trop long de raporter tout ce qu'il a dit, & toutes les comparaisons dont il s'est servi pour prouver que par la réünion le Fief & l'arriere-Fief sont indentifiez & mouvans immediate-tement du Seigneur Suzerain ; après avoir employé, entr'autres, les comparaisons d'une branche qui se réünit au tronc, d'un ruisseau qui tombe dans un fleuve, & de deux boules de cire qui étant fonduës & melées ensemble n'en font plus qu'une, il conclut : *per consolidationem quam Franci reversionem solent appellare, utriusque dominii directi & utilis fit unum totum, & feudum serviens regreditur, & refunditur in superius dominans, & unitum perdit nomen & appellationem suam & naturam mutat, & cùm ante per se consisteret separato jure & titulo, fit nunc pars & membrum alterius, ex quo refellitur Molinæi sententia qui scribit differit hoc casu Dominum non posse cogi incorporare aut unire feudum sic aquisitum feudo suo principali*, &c.

Mais qu'importe après tout en ce Procès, d'examiner si la réünion se fait de plein droit ou par le ministere de l'homme, s'il faut une déclaration expresse que l intention de l'aquereur est d'unir l'arriere-Fief au Fief, ou s'il sufit, pour que l'arrie-Fief revienne à son principe dont il avoit été separé, que le possesseur du Fief en fasse l'aquisition ? cet examen est ici surabondant, puisque le Sieur d'Antigny a prouvé lui-même par ses titres, que les Barons d'Antigny en aquerant toutes les differentes portions de Sivry, non seulement ont eu intention de les réünir à la Baronie d'Antigny, mais qu'ils les y ont réünies réellement & de fait : pour l'en convaincre, on prend la liberté de le renvoyer à sa cote 44.

Troisième objection. Le Sieur Languet après tant d'actes, par lesquels ses auteurs ont reconnu depuis 1574. que Sivry étoit mouvant de la Baronie d'Antigny, n'est pas recevable à contester cette mouvance.

Réponses. 1° Cette prétendue possession n'est pas aussi longue qu'on voudroit le persuader, car on voit dans une reprise de Fief du 28. Juillet 1642. qui fut faite par les Moingeon à Dame Claude-Marguerite de Saint Maurice, veuve du Baron d'Antigny, des héritages par eux aquis, disent-ils, des Sieurs & Dames de la Vesvre, comme Seigneurs de Sivry, que les Moingeon, loin de se soumettre à la prétenduë transaction de 1619. avoient contesté la mouvance, au sujet de laquelle contestation il est dit dans cette reprise de Fief, que ladite Dame a permis à ces héritiers Moingeon, *de s'entremettre à la perception des fruits, revenus & dépendances, & moyennant ce, l'action pour ce fait intentée en ladite Baronie, dont est apel par iceux, demeurera, comme non avenuë, & l'apellation renoncée, & acceptée par ladite Dame.*

La prétenduë possession n'a donc pas été aussi longue & aussi tranquille qu'on voudroit le persuader.

2° Personne n'ignore que les mouvances des Fiefs qui relevent du Roi, comme Roi, sont un bien de la Couronne inalienable & imprescriptible, & qu'entre les sermens que font nos Rois à leur Sacre &

Couronnement, ils promettent de conferver les Droits & Domaine de leur Couronne & Royaume, au préjudice duquel ferment, rien ne peut être aliéné, ni par prefcription, ni autrement, n'étant pas douteux que la prefcription ne foit une efpece d'aliénation, felon la difpofition des Loix *qui enim patitur ufu capi, alienare cenfetur. L. nam fatis ff. quemadm. ferv. amittatur, & L. alienationis, ff. de v. S.*

L'inaliénabilité des Droits de la Couronne, n'eft pas un droit fingulier au Royaume de France : les Romains eux-mêmes gardoient cette maxime, pour le Domaine de l'Empire, comme nous l'aprenons du titre, *ne rei dominica vel templ. vindic. tempor. præfcript. fubmov.* au Code de Juftinien, dont la Loi premiere veut nommément que le Prince puiffe rentrer dans fon bien, *omnis temporis definitione fubmotâ.*

Le Roi François I. fit une Ordonnance à Paris le 30. Juin 1539: quelques-uns la datent du mois de Septembre de la même année ; Guenoys la raporte tout au long au liv. 10. tit. 1. de la Conférence des Ordonnances Royaux, p. 636. & lui donne pour titre *Domaine du Roi n'eft fujet à prefcription, & ne fe peut aliener étant facré.*

Cette Ordonnance dont quelques Auteurs ont fait plufieurs articles, eft tranfcrite dans Guenoys, *uno contextu,* & finit par ces mots qui détruifent l'objection du Sieur Marquis d'Antigny ; fût-elle plus forte : *voulons qu'ez procès mûs & à mouvoir fur ladite réunion & incorporation de nôtredit Domaine pendant & indécis, nos Juges & Officiers n'ayent aucun égard à quelque poffeffion, jouiffance & prefcription que ce foit, & par quelque laps de tems, qu'elle ait duré, ores qu'elle excedât cent un-ans, ains fans foi arrêter à icelles, qu'ils ayent à paffer outre, & proceder au jugement des procès, en fefant droit fur les caufes, moyens & défenfes des Parties collitigantes avec nous, ou nôtre Procureur Général, fi aucuns ils en ont, ou ont allégué audit procès.*

Charondas qui en a fait un ample Commentaire imprimé à Paris en 1638, & l'a diftribué en plufieurs articles au titre 3. de fon ouvrage dit, que cette Ordonnance de François I. declare les biens du Domaine n'être fujets à prefcription de quelques tems que ce foit, *parce qu'ils font publics annexez, & unis à la Couronne,* fur quoi il cite plufieurs Arrêts qu'il feroit trop long de raporter.

Mr. Lebret dans fon Traité *de la Souveraineté,* ch. 1. affure qu'on *a tenu jufqu'à préfent le Domaine fi faint & fi facré, que les Rois même s'obligent par ferment qu'ils font à leur Sacre, de le maintenir & conferver de toute leur puiffance, & que c'eft une maxime inviolable, que l'on ne peut aucunement l'aliener, fi ce n'eft en certains cas qui font fpecifiez par l'Ordonnance de l'an 1562.* & au commencement du ch. 2. il s'explique ainfi : *je dis donc que le Domaine a le même privilege que les chofes faintes & facrées : & que comme celles-ci ne fe peuvent prefcrire, d'autant qu'il n'y a que Dieu qui s'en puiffe dire le Seigneur, & que ce feroit une grande abfurdité de penfer feulement que la prefcription peut courir contre lui, de même le Domaine qui, après les chofes divines, nous doit être en plus grande recommandation que toutes les autres fortes de biens du Royaume, ne peut être fujet a la prefcription pour ce qu'il n'y a perfonne qui s'en puiffe dire le maître & le propriétaire que la Couronne ; car le Roi même n'en jouït que par forme d'ufufruit, & bien qu'il l'ait poffedé par quelque tems que ce foit, neanmoins, il n'en peut jamais aquerir la propriété.*

Defpeiffes ; tom. 1. part. 4. tit. 4. p. 730. avec un grand nombre d'Auteurs qu'il cite, dit, que *les biens du Domaine de la Couronne ne peuvent pas être preferits, même par cent. ans*, & raporte un Arrêt du 30 Janvier 1584. rendu au Parlement de Touloufe, dans l'efpece duquel le Roi demandoit la Jurîdiction de Beziers : l'Evêque de Beziers opofoit la prrefcription de trois cens ans ; mais il en fut débouté, preuve certaine que la longue poffeffion n'opere rien contre les droits de la Couronne, ni par confequent contre les mouvances qui en font un des plus beaux fleurons.

Ferrerius fur Guy Pape, q. 416. dit, *in Franciâ nulla præfcriptio currit, etiam centenaria, contra jura domanii, ut fancitum eft conflitutione Francifci Regis primi.*

Salvaing dans fon Traité, *de l'ufage des Fiefs* de la derniere édition p. 124. s'explique ainfi fur la queftion dont il s'agit fur la fin de fon chapitre 13. *il n'y a que les Fiefs mouvans de la Couronne qui foient exempts de la prefeription centenaire, parce qu'ils apartiennent proprement à l'Etat, auquel il importe d'avoir des Vaffaux, qui font atachez au Souverain par un double lien de fidelité, celui de la naiffance & celui de Fief; ce qui fe juftifie par la Déclaration du Roi Henry II. du 15. Janvier 1755.*

De Lauriere, dans fa Préface, page 38. établit par un grand nombre d'autoritez, *l'inaliénabilité* du Domaine de la Couronne.

Enfin le Roi Loüis XIV. rendit un Edit au mois d'Avril 1667. raporté dans le nouveau Neron, lequel il fit enregiftrer au Parlement de Paris le 20. du même mois, S. M. féant en fon Lit de Juftice, & dont l'enregiftrement a été pareillement fait à la Cour le 6. Juillet fuivant, lequel Edit leve toutesdifficultez ; & il eft furprenant qu'après une Loi auffi formelle, le Sieur Marquis d'Antigny ofe fe prévaloit des reprifes de Fief & autres actes poffeffoires qu'il a pratiquez, au préjudice de la mouvance du Roi.

Cette Loi parle ainfi : *tous les Domaines alienez à quelques perfonnes, pour quelques caufes, & depuis quelque tems que ce foit, feront & demeureront pour toujours réunis à nôtre Couronne, nonobftant toute prétention de prefcription & efpace de tems, pendant lequel les Domaines & droits en pouroient avoir été feparez, fans qu'ils en puiffent être ci-après diftraits, ni alienez, pour tout ou pour partie, pour quelque caufe que ce puiffe être, fi ce n'eft pour apanage des enfans mâles puinez de France ; & à la charge de reverfion, le cas écheant*

Cette Loi n'eft pas introductive d'un droit nouveau, puifque comme on vient de le voir, les anciennes Ordonnances l'avoient déja établi ; mais quand aucune autre n'auroit parlé de l'inprefcripribilité des droits de la Couronne, elle fufiroit feule pour anéantir l'objection de la Partie averfe, puifque fa difpofition a un effet rétroactif à tous les tems, & qu'elle défend expreffément d'avoir aucun égard à quelque prefcription que l'on puiffe alléguer.

Quatriéme Objection. Il n'eft point démonftrativement vrai, que la reünion d'un arriere-Fief, le rende de même nature que le Fief ; fi cette opinion a fes partifans, l'opinion contraire n'en a pas moins, ni d'une moindre autorité ; il y a même plufieurs Coutumes qui contiennent à ce fujet des difpofitions particulieres, & du Moulin fur l'article 20. de Paris, gl. 1. n. 68. & 69. décide que la réünion ne se fait pas de plein droit.

R. 1° Il y a plus de Coutumes qui decident que la réünion rende Fief & arriere-Fief de la même nature *ipso jure*, qu'il n'y en a qui décident, que cela dépend de la volonté de l'homme : on se contentera pour ne pas surcharger cet ecrit, d'en citer pour exemple l'article 205. de la Coutume d'Anjou qui s'en explique en ces termes : *pour ce que consolidation & reintégration des Fiefs, c'est-à sçavoir, qu'ils demeurent entiers, est bien favorable chouse, il est ainsi que si aucun fié étoit depicé, & depuis le dipié ou despiés de fié, foi & hommaige, ou fois & hommaiges, eussent été faites pour raison d'iceux despiés de fié, dès lors que la chouse sera retournée à sa premiere nature, & consolidée avec le lieu dont elle est partie, le tout demeurera à la foi & hommaige où ils étoient devant, nonobstant procès, condamnation ou possession qui pouroient être intervenuës au contraire, avant ladite consolidation.*

Dupineau sur cet article cite plusieurs Coutumes, comme Tours; Lemaire, Loudunois & Bretagne, qui décident de même, & sur les mots; *est bien favorable chouse*, dit que *la consolidation se fait de droit*, sinon que le Seigneur en eut autrement disposé par son contrat ; ce qui démontre qu'encore que le Seigneur qui aquiert larriere-Fief, ne soit pas forcé de le réunir, néanmoins la réunion se fait de plein droit, si l'aquereur n'y met obstacle par une clause exprimée dans son contrat d'aquisition.

2° Les Coutumes qui décident que le Seigneur du Fief, acquerant l'arriere-Fief n'est pas obligé de faire la réunion, ne lui défendent pas de la faire ; & il n'y en pas une qui décide que quand la réunion est faite, le Fief & l'arierer-Fief ne sont pas dans la même mouvance; or dans le cas particulier, la réunion a été faite par le Baron d'Antigny : la cote 44. le prouve.

3° Quand toutes ces Coutumes défendroient la réunion, on n'en peut tirer aucune conséquence, parce que la nôtre ne la défend pas; au contraire elle veut que dans le cas qu'elle n'a pas décidé, nous ayons recours au Droit Romain, selon la Jurisprudence duquel, dès que le fond servant est aquis par le propriétaire du fond dominant, ou *vice versâ*, toute servitude est éteinte; & si dans la suite le propriétaire alienoit le fond servant, il seroit obligé de constituer la servitude de nouveau, s'il vouloit la faire revivre; mais en matiere d'arriere-Fief qui est dans la mouvance du Roi, ce nouvel établissement est défendu par les Ordonnances : on le prouvera.

4° Dumoulin dans l'endroit tout de fois cité par le Sr. Marquis d'Antigny, n. 69. dit bien que son sentiment est, que l'aquereur du Fief qui possedoit l'ariere-Fief, ou tout au contraire, n'est pas tenu de les unir, *non tenetur unire*; mais il ajoute dans le même endroit, que s'il les a voulu unir, l'arriere-Fief cesse d'être, & devient plein Fief, *res unita desinit esse subfeudum, & efficitur pars integralis, & æque principalis rei, vel feudi principalis; & incipit immediate teneri, & moveri à feudo superiori, à quo devendet feudum cui facta est unio.*

Si la question dont il s'agit avoit été proposée à du Moulin, & qu'on lui eût dit que le Sieur Marquis d'Antigny convient & prouve par piéces, que toutes les Parties alienées de l'arriere-Fief & Seigneurie de Sivry one été réunies par ses auteurs à la Baronie d'Antigny, Fief dominant, qu'auroit-il pû répondre autre chose, que ce qu'il a dit dans cet endroit, *res unita definit esse subfeudum, & efficitur pars integralis feudi principalis ?*

Si on va plus loin, & si on demande au même Auteur ; mais le Seigneur qui a uni & incorporé son arriere-Fief au Fief, s'il vient à aliéner, ne le désunit-il pas ? & l'arriere-Fief ne reprendra-t-il pas la nature qu'il avoit avant son incorporation ? Il répondra à cette question par ces termes de la même glose, n. 62. *per venditionem & traditionem simpliciter seu perpetuò factam hujusmodi feudalitas non fuit suspensa nec sopita, sed prorsùs extincta.*

La Partie averse ne convient pas seulement que l'aquisition faite par ses auteurs de l'arriere-Fief de Sivry, fût pure & simple, & par conséquent perpétuelle ; mais il ajoute qu'ils réunirent la Seigneurie de Sivry à leur Fief dominant de la Baronie d'Antigny. Il faut donc qu'il convienne par une conséquence nécessaire, que la mouvance de l'arriere-Fief fut totalement éteinte, *prorsùs extincta*, & devint une seule & même mouvance, avec celle du plein Fief, donc elle n'a pû être du depuis séparée, conformément aux Ordonnances du Royaume.

4° On a cité tant d'Arrêts & d'Auteurs, qui établissent, que la réunion rend le Fief & l'arriere-Fief, de même nature, *ipso jure*, qu'on ne pense pas que la proposition puisse plus souffrir de doute ; tout au moins est-il certain par les autoritez mêmes qu'à citées le Sieur d'Antigny, que le Fief & arriere-Fief deviennent de la même mouvance par la réunion, lorsque la volonté de l'homme n'y a pas mis obstacle dans l'acte même d'aquisition ; & bien loin que les Barons d'Antigny ayent mis obstacle à la consolidation & réunion du Fief & de l'arriere-Fief, il est literalement prouvé, qu'ils ont réuni l'un à l'autre.

Cinquiéme Objection. Coquille dit sur l'article 30. de la Coutume de Nevers, chapitre des Fiefs, que quand le Vassal aquiert de son sous-Vassal, il peut tenir le Fief séparé, sans l'unir à son plein Fief, pourvû qu'il en fasse déclaration expresse dedans l'an.

Réponse. Quand on devroit être jugé, conformément à cette autorité ; qu'est-ce que le Sieur d'Antigny y gagneroit ? lui qui convient si précisément que ses auteurs ont réuni la Seigneurie de Sivry à son Fief dominant d'Antigny : En avoüant cette réunion, n'est-il pas convenu, qu'il n'a pas fait dans l'an, déclaration expresse, qu'il vouloit tenir Sivry séparément de la Baronie d'Antigny, & qu'il ne vouloit point qu'ils fussent unis l'un à l'autre ? Or s'il n'a pas fait cette déclaration ; & si au contraire il a réuni l'arriere-Fief au Fief, il est constant, même selon Coquille, que l'un & l'autre sont devenus de même nature, comme faisant un même tout.

Sixieme Objection. Le Baron d'Antigny, dans le tems qu'il a joüi du Fief de Sivry, l'a raporté au Roi, non pas comme membre du corps de la Baronie, mais comme un arriere-Fief qui étoit dans sa mouvance.

Réponse. Ce fait est hasardé sans aucune preuve, & même sans vraisemblance ; car si le Baron d'Antigny avoit été Vassal & arriere-Vassal il auroit été Vassal de lui-même, & en cette qualité obligé à se rendre foi & hommage, & serment de fidélité, ce qui rendroit faux l'axiome

M

de Droit qui dit, *nemo fibi fervit.* Quoiqu'il en foit de cette queftion de Droit, le Sieur Marquis d'Antigny trouvera bon, que jufqu'à ce qu'il ait prouvé le fait, on lui dénie que dans le tems qu'il a poffédé Sivry, il l'ait raporté au Roi, comme arriere-Fief.

Septiéme Objection. Legrand fur l'article 27. de la Coutume de Troyes, glofe 12. nombre 2. eft du même avis que du Moulin touchant la réunion.

Réponfe. On en convient, mais outre que le fentiment de ces deux Auteurs eft combatu par tous les autres & par les Arrêts, ils n'ont rien dit contre nôtre hypothefe : car voici les termes de le Grand, *le Seigneur feodal qui a retenu par puiffance feodale le Fief de fon Vaffal, n'eft pas tenu de unir & incorporer à fon Fief;* mais l'Auteur ne dit pas que le Seigneur ne puiffe l'unir & incorporer, & dans le cas particulier, le Baron d'Antigny a uni *la Seigneurie de Sivry à fon Fief dominant.*

Legrand ne pretend pas qu'il n'ait pû le faire, la Partie averfe convient qu'il l'a fait : donc l'arrie-Fief a été uni & incorporé au Fief dominant.

Huitiéme Objection. Brodeau fur l'article 53. de la Coutume de Paris ; n. 13. eft d'avis que la réunion ne fe fait pas de plein droit, & qu'i faut une declaration expreffe de l'aquereur.

Réponfe. Brodeau eft d'avis, qu'il faut une déclaration expreffe dans le contrat pour empêcher la réunion, mais non pas pour la faire ; elle fe fait donc de droit, à moins que par une ftipulation précife l'aquereur ne l'empêche : pour en convaincre le Sieur Marquis d'Antigny il n y a qu'à lui tranfcrire les termes de Brodeau à l'endroit cité où il dit, que lorfque le Seigneur dominant aquiert l'arriere-Fief immediatement de lui, ou quand le Propriétaire du Fief fervant aquiert le Fief dominant : *en tous ces cas, l'arriere-Fief demeure non feulement feodal comme auparavant l'aquifition, mais uni, confolidé & incorporé de plein droit au Fief dominant, & devient plein Fief, fans confiderer fi autrefois ç'ont été deux Fiefs diftincts & feparez, s'il n'y a declaration expreffe au contraire, & tous deux compofent un feul & même corps de Fief tenu & mouvant d'un même Seigneur : le Vaffal qui a aquis ou retiré l'arriere-Fief, & par ce moyen eft fait Seigneur & Propriétaire du Fief dominant, & du Fief fervant, ne pouvant plus exercer la mouvance ni autres droits de fuperiorité & feodalité fur foi-même.*

Il ajoute quelques lignes plus bas, que quand le Seigneur a fait l'union de l'arriere-Fief au Fief, *il n'eft plus à fon pouvoir de le defunir & le démembrer, pour le faire retomber de rechef dans fa mouvance, au préjudice & fans le confentement de fon Seigneur fuperieur.*

Le Sieur Marquis d'Antigny dans l'objection qu'il a faite à la page 36. de fon Factum, n'a pas jugé à propos de faire mention de tout ce qu'on vient de tranfcrire, il s'eft feulement contenté d'ajouter ces mots fuivans qui font fous le même nombre : *j'ai dit que l'arriere-Fief aquis ou retiré par le Seigneur dominant, demeure réuni de plein droit à fon Fief s'il n'y a déclaration expreffe au contraire ; étant une regle & maxime generale, que le Seigneur aquereur ou retrayant par puiffance de Fief, n'eft pas tenu réunir l'arriere-Fief, fi bon ne lui femble, ains le peut tenir féparement comme il l'étoit auparavant, quant aux termes de cet article, il déclare par exprès qu'il ne veut point le reunir à fon Fief principal, laquelle déclaration empêche que la reunion ne fe faffe de plein droit.*

Le Sieur d'Antigny a omis dans l'objection ces derniers mots, *laquelle déclaration empêche que la réunion ne se fasse de plein droit* desquels il suit, que quand il n'y a point de déclaration de la part de l'aquereur, la réunion se fait de plein droit.

Neuvième Objection. Tous les Auteurs qui ont écrit avant la réformation de la Coutume de Paris en 1580. sont d'avis que la réunion ne se fait pas de plein droit, & qu'il faut une déclaration expresse de l'aquereur.

Réponse. Tournet ci-dessus cité raporte des Arrêts ; un entr'autres de 1570. qui ont jugé, avant la réformation, qu'il faut une déclaration expresse pour empêcher la réunion ; & Bacquet tit. des droits de Justice, ch. 14. n. 11. raporte une Sentence du 17. Août 1573. confirmée par Arrêt, qui, avant la réformation de la Coutume, jugea la même chose ; Mr. Loüet, lettre F, som. 5. & plusieurs autres Auteurs raportent de pareils préjugez.

Dixième Objection. Dans l'Arrêt raporté par Bacquet, lors de la réunion de l'arriere-Fief de la Boudrague au Fief d'Athis, il y en eut une déclaration expresse.

Réponse. Bacquet ateste précisément le contraire, en disant que *le Sieur Viole soutenoit qu'il n'y avoit eu aucune union expresse* dudit Fief de la Boudrague au Fief d'Athis.

Onzième Objection. L'Arrêt du Journal des Audiences du 18. Juillet 1654. a décidé, que les Fiefs de dignité ne peuvent être démembrez par vente ou autrement ; mais qu'à l'égard des autres Fiefs, les Vassaux ne peuvent être contraints de les unir & incorporer nécessairement, si bon ne leur semble ; & même qu'étant réunis, on peut de nouveau les démembrer & séparer par vente, & les remettre au premier état.

Réponse. 1.° Le Sieur Marquis d'Antigny a pris pour la décision de l'Arrêt, l'objection que faisoit l'une des Parties.

2.° Le Supliant ne prétend pas que le Seigneur qui aquiert l'arriere-Fief qui releve de lui, soit forcé de l'unir ; il soutient seulement que l'union se fait de droit, à moins qu'il n'y ait déclaration précise, que l'aquereur ne veut unir.

3.° On convient que le Seigneur qui a réuni l'arriere-Fief au Fief, peut vendre de nouveau l'arriere-Fief ; mais il ne peut pas séparer la mouvance, parce que c'est un bien qui ne dépend pas de lui, & qui apartient au Seigneur Suzerain.

Douzième Objection. Brodeau sur Mr. Loüet, lettre f. n. 5. s'explique ainsi sur la question : *il faut remarquer qu'au fait & en l'espece de toutes les questions traitées en ce chapitre, l'état de la confusion bien qu'elle se fasse de plein droit, sans que le ministere, la déclaration & le consentement de l'homme soit requis, n'est point perpetuel, que ce n'est point une mort de l'action, ni une extinction & anéantissement de l'obligation, ni une privation dont l'habitude & le retour à l'être soient interdits, & exclus pour jamais ; mais un simple endormissement facile à se rompre & à se dissoudre ; l'action demeure comme en suspens, tant & si longuement que la cause de la confusion dure, laquelle venant à cesser, l'éfet cesse pareillement, les choses reprennent leur premiere nature, & se rétablissent à leur premiere forme ; de sorte que le Fief & la Roture qui y avoit été refointe & réunie, venant à passer en diverses mains, soit par un partage, une vente, ou autrement, l'heritage qui*

étoit Poturier , & tenu en cenfive auparavant la confufion , retourne au même état qu'auparavant , & la confufion fe réfout par les mêmes principes
qui lui avoient donné l'être.

Réponfe. M. Loüet & fon Commentateur ont employé tout ce Som-
maire qui eft l'un des plus long de leur ouvrage , à démontrer que la
réunion fe fait de plein droit, qu'elle eft perpétuelle, & que la même
chofe s'obfervoit avant la réformation de la Coutume de Paris : il feroit
donc bien fingulier que dans le même endroit, Brodeau eût voulu établir
que cette union n'a qu'un effet momentanée , & qui s'évanoüit, au moment que l'arriere-Fief vient à être aliéné.

Pour entendre Brodeau dans l'endroit cité , il ne faut pas féparer ce
qu'il y dit de ce qu'il a dit auparavant ; il en avertit le Lecteur lui-
même , en difant qu'il *faut remarquer qu'au fait & en l'efpece de toutes
les queftions traitées en ce chapitre , &c.* Or parmi ces queftions, il y en
a une entr'autres à laquelle s'apliquent les termes que le Sieur Marquis
d'Antigny a tranfcrits & détachez de ce qui précède.

Une femme a un propre qui eft dans la cenfive d'un Fief que fon
mari & elle aquierent pendant leur communauté ; cet héritage par ce
moyen eft uni au Fief & en fait partie : lorfqu'après la mort du mari
& de la femme , il eft queftion de partager la fucceffion entre
leurs enfans , l'aîné prendra-t-il fon droit d'aîneffe & fon préciput fur
le propre de la mere, comme fur le refte du Fief? Ce propre, en un
mot , fera-t-il partagé comme bien Noble , ou comme bien Roturier ?
C'eft l'une des queftions propofées par Brodeau.

Pour y répondre , il diftingue , en difant , que fi la femme a accepté
la communauté , fon propre fera partagé comme Fief, *parce que la femme acceptant la communauté en laquelle elle trouve le Fief, en la cenfive duquel étoit fon heritage, & par ce moyen , étant faite Dame du Fief pour
moitié , fon propre étant en la cenfive d'icelui ne peut être d'autre nature que
le Fief.*

En effet, dit-il, *le mari ne peut déteriorer le propre de la femme , ni le changer
en forte qu'acceptant la communauté elle ne le puiffe toujours reprendre en fa
premiere nature :* Voilà l'un des cas où Brodeau a dit, & a eu raifon de
dire, que l'union n'eft pas perpétuelle, & peut fe diffoudre, parce que
par raport à la femme qui n'y a pas donné fon confentement, cette
union eft en fufpens, & ne fera parfaite à fon égard, que lorfqu'elle y
aura confenti par l'acceptation de la communauté, ou autrement ; mais
dès qu'une fois la femme a confenti à l'union du Fief à l'arriere-Fief,
ou de la cenfive au Fief, l'union à fon égard, eft perpétuelle, & indiffo-
luble ; & quand par ce moyen, la cenfive a été mife dans la mouvance d'un Seigneur, fur tout dans celle du Roi, de qui tous les Fiefs
font émanez médiatement ou immédiatement, il ne dépend plus de ceux
qui ont fait l'union, de la diffoudre, parce qu'en ce cas les chofes
font retournées à leur principe, & ont repris leur ancienne origine , à
laquelle on ne peut plus aporter de changement, fans le confentement
du Seigneur, à qui ce changement porteroit préjudice.

SECONDE PREUVE DE DROIT.

Quand postérieurement à 1498. date du plus ancien titre qu'ait produit le Sieur Marquis d'Antigny, le Fief de la Tour de Sivry, ou la Seigneurie, ou partie de Sivry, auroit relevé de la Baronie d'Antigny, tout auroit cessé d'en relever depuis l'aliénation de 1589.

IL n'est point prouvé que sur la fin du douziéme siécle, Sivry fût arriere-Fief d'Antigny, mais on le supose avec la Partie averse ; il est prouvé qu'en 1498. la moitié de Sivry sut réunie au Fief dominant, & il est prouvé encore, par la cote 44. que soit avant, soit après 1498. toutes les parties de Sivry furent réunies à la Baronie d'Antigny : depuis cette réunion, le tout en a été démembré par les differentes aquisitions de Brouhot, ou de ses auteurs, dont la derniere a été faite en mil cinq cens quatre-vingt-neuf, tems auquel le Baron d'Antigny a cessé d'être Propriétaire & Seigneur de Sivry.

En cessant d'en être Propriétaire & Seigneur, il ne s'en est point réservé la mouvance ; car non-seulement l'aliénation a été faite généralement & sans réserve ; mais quand le Baron d'Antigny se seroit réservé par une stipulation précise le droit de mouvance, cette clause seroit vicieuse & nulle, comme on l'établira, après avoir répondu à trois objections du Sieur Marquis d'Antigny.

Réponse aux Objections.

Premiere Objection. Par la Sentence du trente Octobre mil cinq cens soixante & dix-neuf, les Terres de Corbeton & la Tour de Sivry, *ont été déclarées dépendre & mouvoir du Fief de la Seigneurie d'Antigny* ; tant que cette Sentence subsistera, il sera vrai de dire que Sivry n'est pas de la mouvance du Roi.

Réponses. 1° Par le droit des gens, les Ordonnances, & l'Edit du mois d'Avril mil six cens soixante & sept, toutes aliénations & distractions des biens & droits du Domaine, en quelque tems & en quelque maniere qu'elles puissent avoir été faites, sont nulles & de nul effet. Ainsi la Sentence de 1579. seroit ici un foible secours, quand d'ailleurs elle pouroit être oposée.

2° En suposant même qu'en mil cinq cens soixante & dix-neuf sa Seigneurie de Sivry étoit dans la mouvance, & relevoit de la Baronie d'Antigny, elle auroit cessé d'en relever dix ans après, au moyen de la vente que fit Antoine de Vienne le 7. Septembre 1589. à Brouhot, de la Justice, droits Seigneuriaux, & de tout ce qui lui apartenoit au Village & Finage de Sivry, puisque selon les principes qu'on a établi, la réunion auroit fait éclipser l'arriere-Fief, & la mouvance du Seigneur particulier.

3° Quand la Sentence de mil cinq cens soixante & dix-neuf ne seroit pas évanoüie par la réunion, & quand on pouroit suposer qu'elle subsiste en-

N

core aujourd'hui, le Sieur Marquis d'Antigny n'en pouroit tirer aucun avantage ; la raison en eſt ſenſible.

Cette Sentence ajuge au Baron d'Antigny la mouvance de la Seigneurie de Sivry. La mouvance eſt un droit & des plus précieux. Le Baron d'Antigny, par le contrat de 1589. vendit à Brouhot tous les droits, ſans exception, qu'il avoit à Sivry ; donc il lui vendit la mouvance ; donc quand la Sentence auroit ſubſiſté depuis 1589. la mouvance, s'il pouvoit y en avoir une au préjudice du Roi, apartiendroit à Brouhot, & à ſes ſucceſſeurs, comme lui ayant été venduë. En un mot, ou la mouvance fut ajugée avec effet au Seigneur d'Antigny en 1579. ou ſans effet.

Si elle lui fut ajugée avec effet, cette mouvance a paſſé à Brouhot ; au moyen de la vente qui lui en fut faite ; & quoique la Sentence ſubſiſte, il n'en eſt pas moins vrai, que la mouvance ajugée au Baron d'Antigny ne lui apartient plus, puiſqu'il l'a venduë, & qu'il n'eſt pas juſte qu'il ait à la fois, & la choſe & le prix. Si au contraire la mouvance ne lui fut pas ajugée avec effet, inutilement voudroit-il ſe prévaloir de la Sentence. Si la Sentence a bien jugé, toute l'utilité en apartient aux ſucceſſeurs de Brouhot ; il eſt donc inutile de leur dire qu'ils doivent faire réformer une Sentence, dont ils ont & doivent ſeuls avoir l'effet.

En vain diroit-on, que dans le contrat de vente il n'eſt pas nommément parlé de mouvance ; car il n'y eſt pas non plus parlé du droit de lods, desherence, épaves, amendes, & confiſcations ; mais tout cela, ainſi que la mouvance, eſt compris ſous le mot de tous droits qui pouvoient competer & apartenir au Baron d'Antigny, dans le Village & Finage de Sivry.

Seconde objeEtion. Par la Tranſaction du 19. Avril 1619. les héritiers Brouhot reconnurent la mouvance de la Baronie d'Antigny ; il n'eſt donc pas permis à leur ſucceſſeur de la méconnoître & la deſavoüer.

Réponſe. Il n'y a qu'à raprocher les circonſtances de cet acte informe, auquel on donne tantôt le nom de Sentence arbitrale, tantôt le nom de Tranſaction, pour en faire connoître l'injuſtice, & prouver qu'il n'a jamais eu ni pû avoir d'effet.

Quoiqu'Antoine de Vienne, par le contrat de 1589. eût vendu ſans réſerve à Brouhot tout ce qui lui apartenoit au Village & Finage de Sivry, Jacques de Vienne, fils d'Antoine, fit un Procès à cet aquereur neuf ans après la vente, & prétendit, que nonobſtant cette aliénation générale & ſans bornes ; il lui apartenoit des droits de Juſtice, cens, rentes, & autres dans le Finage de Sivry ; prétention viſiblement contraire à l'acte, & qui ne pouvoit être fondée que ſur le grand crédit de celui qui la formoit, lequel ayant pudeur de la porter en Juſtice réglée, la ſoumit à des Arbitres, par un compromis, paſſé entre les Parties.

Les Arbitres ne comprenans rien à la prétention du Baron, rendirent leur Sentence arbitrale en 1598. par laquelle ils ordonnerent que le Baron d'Antigny donneroit dans huitaine état & déclaration des heritages & droits qu'il prétendoit être dépendans de ſa Baronie au Finage de Sivry ; & qu'il ſoutenoit n'être compris en la vente faite à Brouhot.

Le Sieur Marquis d'Antigny, au lieu de produire cette déclaration ;

fans laquelle la prétenduë tranfaction ne peut avoir d'exécution, s'eft contenté de faire paroître un broüillon, qui n'eft ni figné de Jacques de Vienne, ni d'aucune perfonne connuë ou de caractere, ni communiqué ni fignifié à Partie légitime.

Jacques de Vienne, qui peut-être eut horreur de fa prétention, & qui en connut toute l'injuftice, laiffa perimer fon inftance arbitrale, & demeura vingt-un ans, fans faire aucun mouvement.

Jean Brouhot pere, & Jean Brouhot fon fils étant morts dans ce long intervale, des adulateurs dont les grands Seigneurs font fouvent entourez, dreffèrent dans une des Sales du Château d'Antigny l'acte dont il s'agit, auquel on a peine de trouver un nom; ils choifirent pour cela un Notaire & trois Témoins, tous quatre fufpects, ainfi qu'on l'a obfervé dans le fait, pour être dans la dépendance, & des efpeces de Domeftiques du Seigneur d'Antigny.

Par cet acte, on fit reconnoître aux miferables héritiers Brouhot, qu'ils tenoient du Baron d'Antigny la Maifon Seigneuriale de Sivry, la Juftice & autres droits qui leur apartenoient au Village & Finage du même lieu, mouvant de la Baronie d'Antigny, dont ils firent foi & hommage, eft-il dit, au Seigneur d'Antigny, *demeurant audit Seigneur la Juftice haute, moyenne & baffe*, &c. *fuivant la déclaration que Jacques de Vienne en avoit produite* . . . . . (la Juftice haute, moyenne & baffe, eft la premiere chofe mentionée dans la vente faite à Brouhot.)

Où eft-elle cette déclaration, qu'on prétendoit que Jacques de Vienne avoit produite? On n'en fçait rien; car celle que fait paroître le Sieur Marquis d'Antigny au Procès, n'eft qu'un broüillon qui n'a rien de certain; aufli la prétenduë tranfaction eft-elle demeurée fans effet, puifque le Supliant a toujours fait exercer la Juftice dans l'étenduë du Finage de Sivry, & que nul autre que lui n'y a perçu les droits Seigneuriaux.

Les Seigneurs d'Antigny ont fait fi peu de cas de la paperaffe de 1619. qu'ils l'ont laiffée dans la pouffiere jufqu'au 10. Janvier 1731. tems auquel ils en firent tirer une copie collationée, fans Partie prefente ni apellée; c'eft là la piéce dont le Sieur Marquis d'Antigny fe fait un rempart aujourd'hui, & qu'il opofe au Supliant comme une fin de non-recevoir; il faut donc lui établir que cette prétenduë tranfaction n'a eu ni pû avoir aucun effet depuis qu'elle eft au monde: qu'elle n'ait point eu d'effet, les obfervations qu'on a déja faites le prouvent; qu'elle n'ait pû en avoir, les obfervations fuivantes vont le démontrer.

1°. La prétenduë tranfaction portant qu'au Baron d'Antigny demeure la Juftice & autres droits dans Sivry, fuivant la déclaration que Jacques de Vienne en avoit produite, il n'eft pas poffible de donner aucun effet à cet acte, qu'en repréfentant la prétenduë déclaration dans une forme probante, & celle qui eft produite fous cote 37. n'eft pas à coup fur dans cette forme; car ce n'eft qu'un papier volant qui n'eft atefté par aucune perfonne publique, &c. quelle foi pouroit donc être ajoutée à une pareille piéce pour régler des droits qui ne font pas fixez dans la tranfaction; fi on eut voulu férieufement que cette tranfaction eût fon effet, fi on n'en eut pas connu l'extrême injuftice, ceux qui la pratiquerent n'auroient-ils pas fait joindre à la minute l'état ou la déclaration, fans laquelle cet acte ne pouvoit avoir d'exécution? Et n'en repréfenteroit-on pas aujourd'hui un extrait en forme probante? Ne le

faifant pas ; quand d'ailleurs la tranfaction prétenduë feroit dans la meilleure forme qu'un pareil acte peut avoir, on diroit toujours au Sieur
Marquis d'Antigny que cette tranfaction ne peut rien operer, parce
qu'elle ne lui donne d'autres droits que ceux qui font raportez dans
une déclaration; laquelle ne paroiffant pas, eft préfumée n'avoir jamais
exifté, *de his quæ non apparent & quæ non funt idem efto judicium.*

2° Les auteurs de la Partie averfe ayant vendu en 1589. la Terre
& Seigneurie de Sivry, la Juftice & autres droits fans réferve, fans en
excepter même la mouvance; leur a-t-il été loifible, après trente années
expirées, de faire relever cette Terre de la Baronie d'Antigny par une
ftipulation faite avec des perfonnes qui n'avoient aucun droit à la mouvance ; l'affirmative feroit affez difficile à foutenir.

3° La mouvance dont il s'agit apartenoit au Roi, on n'en pouvoit
donc traiter fans que perfonne parût à la tranfaction pour fa Majefté.

Enfin, les Ordonnances tant anciennes que nouvelles défendant toute
aliénation des droits de la Couronne, caffant & annullant celles qui ont
été faites; nul doute que quand la tranfaction dont il s'agit feroit dans
la meilleure forme qu'on pût imaginer, elle ne fut nulle par le feul
endroit, qu'elle feroit contraire aux Ordonnances & à une Loi fondamentale de l'Etat.

Troifiéme objection. Le Sieur Marquis d'Antigny dans fon dénombrement
de 1656. déclara que Sivry étoit un arriere-Fief de fon Marquifat.

Réponfe. Un fimple dénombrement fur tout s'il eft fait en tems fufpect n'eft pas
un titre contre un tiers. La Loi, *que quifque ff. de acquir. rer. domin.* s'en explique ainfi : *que quifque aliena in cenfum deducit, nihilominus ejus funt* la Loi
cenfuales C. de donat, dit *Cenfuales quidem profeffio domino prajudicare non folet :*
& Bacquet des droits de Juftice, chap. 29. atefte qu'on tient communément qu'un aveu & dénombrement n'eft titre, ce qui doit avoir lieu
principalement dans le cas particulier, où il ne paroît point que le dénombrement de 1656. ait été blâmé.

TROISIE'ME PREUVE DE DROIT.

Dans le tems que Sivry étoit uni à Antigny, quand le Sei-
gneur en alienant Sivry s'en feroit expreffément réfervé la
mouvance, la réferve ne ferviroit de rien.

CEtte propofition a pour fondement la difpofition textuelle des Ordonnances, celle de nôtre Coutume & la Jurifprudence des Arrêts.

Pour le prouver il faut remonter à la fource, & commencer par
l'Etabliffement ou Ordonnance touchant les Fiefs du Royaume de France,
renduë par le Roi Philipes Augufte le premier de Mai 1209. laquelle
Ordonnance eft d'autant plus décifive en cette matiere, qu'elle fut renduë en la préfence & du confentement d'Eudes III. Duc de Bourgogne,
qui y foufcrivit & la fcella de fon Sceau : ce qui la rend une Loi
fondamentale & particuliere pour cette Province, & à laquelle les Rédacteurs de nôtre Coutume fe font précifément conformez.

Cette Loi primitive a toujours été obfervée en Bourgogne, & mes une difference confiderable entre la Coutume de ce Pays & quelques autres Coutumes du Royaume dans lefquelles le jeu de Fief & même le parage s'eft maintenu, droit par lequel les aînez font feuls l'hommage au Seigneur fuzerain, & garantiffent par là les puînez de la commife & mainmife pour devoirs non faits & deviennent leurs Seigneurs immédiats ; au lieu qu'en cette Province, le démembrement de Fief, au préjudice du Seigneur, eft défendu, & que chaque aquéreur de quelque partie de Fief, & chaque copartageant conformement à l'Ordonnance de 1209. eft obligé de faire la foi & hommage par lui-même au Seigneur, dont le Fief partagé ou divifé releve, fans que jamais il foit permis à un Seigneur qui vend une partie de fon Fief, ou à un pere qui partage le fien entre plufieurs enfans, d'ordonner, ni de confentir que les uns relevent des autres, parce que la Coutume veut, que chaque poffeffeur de portion du Fief partagé ou divifé, rende la foi & hommage à celui à qui le poffeffeur du tout la rendoit, de quelque maniere que le partage ou divifion arrive.

Cette Ordonnance de 1209. eft trop importante, pour ne la pas mettre fous les yeux de la Cour, on la trouve dans le premier tome du Recueïl fait nouvellement par M. de Lauriere, donné au public par ordre du Roi ; elle eft raportée par M. Bruffel, Auditeur en la Chambre des Comptes de Paris, Traité général des Fiefs, page 212. par Fontanon en fon Appendix, page 838. & autres : elle fe trouve au Tréfor des Chartes, au Regiftre de Philipes Augufte, & au Regiftre blanc du Châtelet, dans le Terrier Carthulaire de Normandie & ailleurs : en voici les termes extraits de la page 29. des Ordonnances de de Lauriere.

» Philippus, Dei gratiâ, Francorum Rex O Dux Burgundiæ, Her.
» Comes Nivernenfis, R. Comes Boloniæ, G. Comes Sancti Pauli, G.
» de Domna Petra, & plures alii Magnates de Regno Franciæ unani-
» miter convenerunt, ut à primo die Maii in pofterum ità fit de feodalibus
» tenementis.

» I. Quidquid tenetur de Domino ligiè, vel alio modo, fi contige-
» rie per fucceffionem hæredum, vel quocunque alio modo, divifionem
» inde fieri, quocunque modo fiat, qui de illo feodo tenebit, de Domino
» feodi principaliter, & nullo medio tenebit, ficut unus anteà tenebat,
» priufquam divifio facta effet.

» II. Et quandocunque contigerit pro illo totali feodo fervitium Do-
» mino fieri, quilibet eorum, fecundùm quod de illo feodo tenebit, fer-
» vitium tenebitur exhibere, & illi Domino defervire & reddere racha-
» tum & omnem juftitiam (*le mot de juftitiam fignifie là droits, devoirs*
» *& redevances, felon de Lauriere.*)

» III. Quidquid autem anteà factum, contrà & ufitatum ufque ad
» primum diem Maii, maneat ficut eft factum, fed de cætero fiat ficut
» eft fuprà dictum.

» Quod ne poffit oblivione deleri, & in pofterum irritari, præfens
» fcriptum figillorum fuorum munimine roborari fecerunt. Actum anno
» Domini 1209. menfe Maii, primo die Maii, apud Villam novam Reg.
juxtà Senon.

La premiere difpofition de cette Loi porte, que lorfqu'un Fief fera divifé, foit par partage, par fucceffion, vente ou aliénation, *vel quocun,* *que alio modo*, tous ceux qui auront quelque part de la chofe feodale, la tiendront directement du Seigneur dont le Fief releve, & non de celui qui aura fait l'aliénation ; *de Domino feodi principaliter , nullo medio tenetur* : l'aquereur releve donc selon cette Ordonnance immédiatement du Seigneur dominant, qui dans le cas particulier est le Roi, & non pas du Seigneur servant qui est le Baron ou le Marquis d'Antigny.

Par la seconde disposition il paroît que toutes les fois qu'il sera question de rendre foi & hommage, & de payer les quints, requints & autres droits dans les Coutumes où ils ont lieu, c'est au Seigneur dominant que ces devoirs doivent être faits, & non au Seigneur servant qui a aliéné.

La troisiéme disposition confirme tous les arrieres-Fiefs établis avant 1209. & annulle tous ceux qu'on établira dans la suite, comme contraires aux interêts & à l'hommage qui est dû au Seigneur suzerain.

Philipes le Bel mort en 1314. fit une Ordonnance conforme à celle de Philipes Auguste, elle est raportée par du Moulin, *inter Ordinationes Regias , tit. 34. de feudis ,* par laquelle la rétention de foi & hommage, lors d'une vente & partage de Fief, est expressément défenduë, si le Seigneur, comme celui d'Antigny, releve immédiatement du Roi.

Voici les termes de cette Ordonnance : *De Feudis alienatis, & ad novum censum reductis, per illos qui ad plenum feudum tenent à nobis, vel ex dono nostro, & utilitatem & emolumentum indè percipiunt, nobis ignorantibus, garantissant, & etiam taliter Feudum diminuunt, vel ad retro feudum reducunt, & transferunt in personas inhabiles, & alias quæ post modum a'iis liberè vendunt, prout volunt : Ordinamus quod illa quæ alienata sunt in præjudicium nostrum, sive damnum, nobis inscio & ignorante, ad pristinum statum reducantur.*

Si donc Sivry étoit réüni à la Baronie d'Antigny ; comme on n'en peut douter, lorsque l'aliénation en a été faite, le Roi *inscio & ignorante,* s'il a été aliéné sans réserve, & quand même il auroit été aliéné à condition qu'il releveroit de la Baronie d'Antigny, il n'est pas douteux qu'il doit être rétabli dans l'état où il étoit lors de l'aliénation, *ad pristinum statum reducantur* ; or au tems de l'aliénation il étoit de la mouvance du Roi, il doit donc y être rétabli.

Dans l'article 41. de l'Ordonnance du Roi Jean I. de l'année 1356. raportée par Neron, on lit ces termes. ,, Nous qui toûjours vou- ,, drions accroître les hautesses & Noblesses de ladite Couronne, & icelle ,, tenir & garder en tous points & dû état, avons promis & promettons ,, en bonne foi aux Gens desdits trois Etats que nous tiendrons, garde- ,, rons, & défendrons de tout nôtre pouvoir les Hautesses, Noblesses, Dig- ,, nitez & franchises de ladite Couronne, & tous les Domaines qui y apar- ,, tiennent, & peuvent apartenir, & que iceux nous n'alienerons, ne souf- ,, frirons être aliérez, étrangez ni mis hors à nôtre pouvoir dudit Do- ,, maine : & outre leur avons promis & promettons en bonne foi que si ,, aucune chose dudit propre Domaine, ou qui ait & doit avoir nature & ,, condition de Domaine, en a été ou est ôtée, aliénée, séparée, mis hors, ,, ou estrangée par quelque maniere que ce soit, depuis le tems du Roi ,, Philipes le Bel, nous pourchasserons & ferons à nôtre pouvoir, que tout ,, sera rapellé, rejoint & uni audit Domaine....

Les mouvances feodales apartenant au Roi, comme Roi, sont du patrimoine de la Couronne, & font partie de la dot du Royaume : c'est pourquoi il importe si fort au public que personne ne puisse les diminuer.

L'Ordonnance de Loüis XI. qui rapelle & confirme celles de ſes prédeceſſeurs s'explique ſi nettement ſur la propoſition dont il s'agit, qu'après l'avoir luë, il ſeroit difficile de douter encore : Cette Ordonnance eſt tranſcrite dans le Commentaire de M. de Launay, ancien Avocat & Profeſſeur du Droit François, à Paris, ſur les Inſtit. de Loiſel, page 127, & ſuiv. de l'édition de 1688. Voici ſes termes.

„ La condition des Fiefs de nôtre Couronne, étant de leur origine une
„ liberalité que nos prédeceſſeurs Rois faiſoient à ceux qui les aſſiſtoient
„ en leurs conquêtes, étoit aſſujetie à des Loix fort étroites, comme la
„ défenſe de les pouvoir vendre ni d'en diſpoſer, & celle du retour à la
„ Couronne, le Vaſſal mourant.

„ Mais aucuns des Rois nos prédeceſſeurs mûs de l'amour qu'il-
„ portoient à la Nobleſſe, auroient moderé cette rigueur, rendu les Fiefs
„ patrimoniaux, permis d'en diſpoſer, & même de les vendre, & en mê-
„ me tems que cette faveur leur fut acordée, les mêmes Vaſſaux vou-
„ lurent étendre cette grace au préjudice des droits de nôtre Domaine.

„ Car au lieu de ſe tenir à la permiſſion de vendre leurs Fiefs ſim-
„ plement, & au lieu de ſervir à nôtre Couronne l'hommage qui étoit
„ dû de tous les Fiefs, ils vendoient une partie d'iceux, ſe réſervoient
„ l'hommage de cette partie venduë, à celle qui leur demeuroit en pro-
„ prieté, & ainſi en diviſant & depeçant le Fief, ils dépeçoient l'hom-
„ mage, & rendoient ce qui étoit tenu en plein Fief de nôtre Couronne
„ en arriere-Fief ; en quoi ils commettoient une eſpece de commiſe,
„ en ce que nos prédeceſſeurs Rois ayant permis ladite vente, ils n'ont
„ point quité l'hommage des parties du Fief venduës, non plus que du
„ total.

„ Mais cette entrepriſe venuë à la connoiſſance du Roi Philipes Au-
„ guſte de tres-heureuſe & glorieuſe mémoire, il en auroit arrêté le
„ cours & l'uſage & par l'Ordonnance par lui faite en l'an 1209,
„ auroit très-expréſſement défendu telles réſervations, & les auroit dé-
„ claré nulles & de nul effet & valeur ; voulut & a ordonné que l'hom-
„ mage de tel démembrement & dépecement lui demeure de même que
„ du total.

„ Laquelle Ordonnance a été obſervée par pluſieurs ſiécles, & l'effet
„ d'icelle nous a conſervé une infinité d'hommages, leſquels autrement
„ nous euſſions pérdus

„ Mais il eſt arrivé depuis quelque tems en ça que ſous prétexte que
„ les Gens des trois Etats ont introduit entr'eux par quelques Coutu-
„ mes, que le Vaſſal peut ſe joüer de ſon Fief juſqu'à démiſſion de
„ foi, ce que l'on a voulu étendre à ces choſes qui ſont tenuës de
„ nous immédiatement, à quoi nôtre Procureur General s'eſt toûjours
„ opoſé, & l'a empêché autant qu'il lui a été poſſible, s'étant fondé
„ ſur ladite Ordonnance & ſur la regle generale que les droits de nôtre
„ Couronne demeurent *toûjours entiers*, & ne nous peuvent être ôtez par
„ les Coutumes qui n'obligent que les trois Etats, & les particuliers
„ qui ont donné leur conſentement, les Loix de nôtre Domaine dé-
„ pendant de nôtre autorité, & toutes les autres lui étant ſoumiſes &
„ aſſujeties : & bien que cette Ordonnance & les inſtances de nôtre
„ Procureur General ayent dû arrêter tel abus, nous ſommes avertis
„ que ce mal va continuellement croiſſant, que ſi le cours n'en eſt

„ arrêté , nous nous verrons dans peu de tems dépoüillez de l'un des
„ plus beaux droits de nôtre Couronne , qui font les hommages &
„ droits de fidelité & vaſſelage, outre le profit des Fiefs, & tout ce
„ qui arrive de casuel , même en cela nos Vaſſaux nous ſurmontent
„ en nombre de Fiefs ; car il arrivera que le Fief auquel nous n'avons
„ qu'un hommage , nôtre Vaſſal en aura ſix ou ſept qui produiront
„ contre toute équité des effets contraires à l'obſervance des Fiefs.

„ C'eſt pourquoi voulons & nous plaît, que les Loix & Ordonnances
„ faites pour la conſervation de nôtre Domaine, ſoient entierement ob-
„ ſervées de point en point , ſelon leur forme & teneur, notament celle
„ du Roi Philipes Auguſte , & conformément à icelle, déclarons toutes
„ les réſervations d'hommages , ainſi faites au préjudice de ladite Or-
„ donnance & proteſtations de nôtredit Procureur Général, de nul effet
„ & valeur. Voulons & nous plaît, que les Poſſeſſeurs deſdites parts &
„ portions de Seigneuries relevans en plein Fief de nous , nous rendent
„ foi & hommage d'icelles, & qu'à ce faire ils y ſoient contraints par
„ les voyes acoutumées en matiere de Fiefs : prohibons , & défendons
„ à l'avenir leſdites rétentions , à peine de commiſe.

Les Rédacteurs de nôtre Coutume , inſtruits des Ordonnances qu'on
vient de raporter , firent de leurs diſpoſitions un article du Statut municipal , trois cens ans après la premiere de ces Ordonnances renduë du
conſentement d'un Duc de Bourgogne , laquelle il ſouſcrivit & ſcella de
ſon Sceau.

Cet article qui eſt le ſeptiéme au titre des Fiefs , eſt ainſi conçû :
„ partage ou diviſion des choſes féodales ne préjudicie point au Seigneur
„ du Fief, ains demeurera chacun homme féodal & Vaſſal dudit Sei-
„ gneur pour ſa part & portion, & en ſera tenu un chacun de faire ſon
„ devoir de Fief envers ledit Seigneur du Fief, & ſelon la nature d'i-
„ celui.

Ces mots *partage ou diviſion* inferez dans la Coutume, marquent
qu'elle comprend tous les cas dans leſquels un Fief peut être démembré , ſoit en le partageant entre cohéritiers , ſoit en aliénant les parties
du Fief, & les ſéparant ainſi du reſte ; car ſi partage & diviſion
étoient des mots ſinonimes , la Coutume les auroit joints , au lieu
qu'elle les ſépare par la particule disjonctive *ou* , de même qu'avoit fait
avant elle l'Ordonnance de 1209. en diſant : *ſi contigerit per ſucceſſionem
hæredum , vel quocunque alio modo , diviſionem inde fieri , quocunque modo
fiat* ; & l'on peut dire qu'entre cet établiſſement des Fiefs & nôtre Loi
municipale , on ne trouve aucune difference à cet égard, ſi ce n'eſt
que la Coutume eſt écrite en une langue, & l'Ordonnance en une autre, mais les diſpoſitions en ſont les mêmes, puiſque ces deux Loix
portent qu'à l'avenir quand un Fief ſera diviſé , ſoit par partage ou autrement , c'eſt-à-dire, par vente, échange , donation, ou de quelque
maniere que ce ſoit, tous ceux qui en auront quelque portion, releve-
ront du Seigneur, dont le Fief relevoit avant la diviſion.

Jamais Loi ne fut ni plus préciſe , ni moins ſuſceptible de mauvaiſe
interprétation que l'Ordonnance de Philipes Auguſte , ni mieux inter-
prétée qu'elle l'a été par l'Ordonnance de Loüis XI. & on ne penſe
pas qu'il ſoit poſſible d'en rendre mieux le ſens en ſi peu de paroles
qu'a fait nôtre Coutume dans l'article cité.

Les Coutumes des Provinces des autres hauts-Seigneurs qui affifterent à l'établiffement de 1209. furent auffi rédigées , conformément à cette conftitution qui étoit une Loi pour elles ; on voit en effet que celle de Nevers , article trente , chapitre quatre , des Fiefs s'explique ainfi : *Le Vaffal ne peut de fon Domaine faire fon Fief fans le confentement de fon Seigneur féodal , & s'il le fait , le Seigneur le peut contredire comme nul ; mais au contraire peut ledit Vaffal de fon Fief faire fon Domaine , fans le confentement du Seigneur féodal , & fans ce qu'il foit pour ce tenu à aucun profit ; & eft ledit Fief tenu être réuni au Domaine dudit Vaffal , incontinent qu'il a repris du Seigneur féodal , ou qu'il en a joüi par an & jour.*

Immédiatement après cet article font ces mots de Coquille qui l'éclairciffent : *veut dire que le Vaffal ne peut bailler en arriere-Fief ce qu'il tient en plein Fief , de tant qu'il diminuëroit le plein Fief :* cette glofe eft claire & conforme aux Ordonnances citées ; auffi tous les Commentateurs des Coutumes ont-ils penfé de même. Ragueau & de Lauriere dans le Gloffaire du Droit François , page 465. expliquent ainfi les mots DE SON DOMAINE FAIRE SON FIEF ; *quand un Vaffal baille en arriere-Fief partie de fon Fief ; quand de fon plein Fief il fait arriere-Fief ,* & ces autres DE *SON FIEF OU CENSIF FAIRE SON DOMAINE : quand un Vaffal aquiert ou reunit l'arriere-Fief à fon Fief , ou quand on aquiert l'héritage tenu de foi en cenfif , ou quand le Seigneur feudal ou cenfuel par puiffance de Fief retire l'héritage feudal ou cenfuel qui avoit été vendu par le Vaffal , & ufe du droit de retenuë ; quand l'on réunit à fa table & raproprie à fon Domaine le Fief ou cenfif.*

Comme le Comte de Bologne foufcrivit auffi à l'Ordonnance de 1209. les Rédacteurs de la Coutume de Boulonnois en rédigerent ainfi l'article cinquante - fept , du titre feize , *que tous efcheches & démembremens de Fiefs , font tenus en pareil relief , & en pareille charge que le fort principal dont ils font efchechez & démembrez ; & auffi ceux qui les tiennent ont pareils droits & prééminences à celles qui competent au Fief principal ;* c'eft-à-dire , que conformément à l'établiffement de 1209. que le Comté de Bologne figna de même que les Ducs de Bourgogne & de Nevers ; la Coutume de cette Province , ainfi que celle du Nivernois & la nôtre , a voulu que l'aquéreur d'une partie d'un Fief releve du même Seigneur que le *fort principal ,* ou le refte du Fief dont il a été *efcheché.*

Berault fur Normandie , article 204. raporte entr'autres un Arrêt du neuviéme Août 1612. dans l'efpece duquel le Seigneur fervant avoit aliéné partie d'un Fief qu'il poffédoit , conjointement avec la Terre Dargouges , & s'en étoit réfervé la mouvance , avec la redevance d'un épervier de rente , & cinq fols par chacun an. Conteftation fur cette mouvance ; on décida qu'elle apartenoit au Seigneur dominant , *& de fait ,* dit Berault , *c'eft l'interêt du Seigneur dominant que le Fief tenu de lui ne foit pas démembré & dépecé.* Il eft donc de l'interêt du Roi Seigneur dominant d'Antigny , que cette Seigneurie à laquelle Sivry a été réuni , ne foit pas démembrée , & que tout foit dans la mouvance de Sa Majefté.

Du Moulin fur l'article 51. de la Coutume de Paris , glofe 1. dit que quand un Vaffal vend une partie de fon Fief pour en faire un arriere-Fief , cette vente eft bonne à l'égard du vendeur , mais qu'à l'égard du Seigneur dominant , qu'on a voulu priver de fa mouvance , elle n'opere rien : *fed tamen non tenet, nec habet vires respectu Patroni, nec in ejus præjudicium*, n. 24.

Ricard fur le même article de la nouvelle Coutume de Paris, dans lequel il eft dit, que le Vaffal ne peut démembrer fon Fief au préjudice & fans le confentement du Seigneur, obferve que par Arrêt du 12. Mars 1647. il fut jugé au profit de Mr. le Duc d'Orleans, que le Chapitre de Chartres n'avoit pû, même du tems de l'ancienne Coutume, en vendant un Fief, s'en retenir la mouvance, conformément aux conclufions de Mr. l'Avocat Général Bignon.

Coquille dans fes Inftituts au Droit François, titre des Fiefs, cite un grand nombre de Coutumes, entr'autres celle de Bourgogne, de Nevers, d'Auxerre, de Bourbonnois, & celle de Senlis, article 217. qui dit, que le Vaffal ne peut divifer fon Fief par divifion réelle au préjudice du Seigneur, & que dans le cas de la divifion, tous ceux qui ont des portions du Fief divifé, demeurent Vaffaux du Seigneur Suzerain, & font tenus de lui faire les devoirs de Fief ; le grand Coutumier en marge de l'article 366. de la Coutume du Bourbonnois le dit auffi par cette note : *ita in Delphin. Italia, Germania, Hifpania, &c.* on ne finiroit point fi on vouloit épuifer les Auteurs & les autoritez qui établiffent ce point de Jurifprudence, qui eft aujourd'hui fans difficulté.

Le Supliant a produit fous cote 6. de fon inventaire un Arrêt en forme, du Parlement de Paris, en date du 5. Septembre 1695. qui décide la queftion, conformément aux Ordonnances.

Cet Arrêt fut rendu au Raport de Mr. Petit fur les pourfuites de Mr. de la Briffe alors Procureur Général, opofant à un Arrêt contradictoire du 7. Septembre 1648, & Apellant d'une Sentence des Requêtes du Palais : voici l'efpece.

Les Terres de Précy, Saint Martin & Lès-Monts faifoient anciennement partie du Comté de Brienne qui reléve du Roi ; elles avoient été données en 1597. pour la dot de Diane de Luxembourg, à charge de mouvoir du Comté de Brienne, & enfuite réunies à cette Seigneurie.

Depuis la réunion, Henry de Clermont, & Charlote de Luxembourg fon époufe avoient démembré lefdites Terres du Comté par contrat de vente qu'ils en avoient fait le 2. Octobre 1634. à Meffire François de l'Hopital, avec rétention de la mouvance, & de la foi & hommage de ces Terres envers le Comté de Brienne : l'efpece eft bien pareille à celle dont il s'agit, à la différénce près, que le Baron d'Antigny, en aliénant, ne fe réferva pas la mouvance.

Par Arrêt du 3. Septembre 1648. ces Terres furent déclarées de la mouvance du Comté de Brienne, comme Sivry a été déclaré de la mouvance d'Antigny par la Sentence d'Arnay-le-Duc. Ayant été mifes en decret avec d'autres Terres aux Requêtes du Palais fur Demoifelle Madelaine Mignot veuve de Mr. le Maréchal de l'Hopital, le Sieur Comte de Brienne s'opofa au decret ; & par Sentence du 20. Mai 1677. les fit déclarer mouvantes du Comté de Brienne, conformement à l'Arrêt de 1648.

Mr. le Procureur Général interjeta apel de la Sentence, & forma opofition à l'Arrêt fur le fondement que ces Terres faifoient originairement partie du Comté de Brienne qui eft dans la mouvance du Roi, qu'en ayant été féparées, & enfuite réunies, on n'avoit pû les vendre avec rétention de la mouvance, foi & hommage, au préjudice de Sa Majesté, parce que les Ordonnance le défendent.

Le procès en cet état, l'Arrêt du 5. Septembre 1695. rendu à viſion de piéces prononça en ces termes „ Nôtredite Cour ayant égard à la „ Requête du Procureur General du Roi du 8. Fevrier 1695. l'a reçû „ & reçoit opoſant à l'exécution de l'Arrêt du 3. Septembre 1648. & „ en conſéquence, faiſant droit ſur l'apel par lui interjeté de la Sen- „ tence des Requêtes du Palais du 20. Mai 1677. a mis & met l'a- „ pellation & Sentence, dont a été apellé au néant en ce qu'il eſt „ ordonné par icelle, que les Terres de Precy, Saint Martin & Les- „ Monts ſeront venduës & ajugées à la charge de la mouvance, au pro- „ fit du Comté de Brienne, comme étant mouvantes dudit Comté : „ émandant quant à ce, a déclaré & déclare leſdites Terres de Precy, „ Saint Martin & Les - Monts mouvantes immédiatement du Roi, à cauſe „ de ſon Comté de Chaumont en Baſſigny, & comme ayant fait par- „ tie du Comté de Brienne ; & comme ayant été compriſes dans les an- „ ciens aveux dudit Comté, ordonne que ledit Seigneur Roi en ſera ſervi, „ & que les propriétaires deſdites Terres en feront les foi & hommage, „ & lui en fourniront aveux & dénombremens, comme auſſi lui paye- „ ront les droits & profits féodaux, ſuivant la Coutume dudit Chau- „ mont en Baſſigny ; ladite Sentence au réſidu ſortiſſant effet.

Premiere Objection. Les conſequences que tire le Sieur Languet des Ordonnances & de la Coutume, ſont fondées ſur la réünion qui eſt un principe faux, donc ces conſequences ſont pareillement fauſſes, *& on ne devront pas ſeulement prendre la peine de les lire.*

Réponſe. Pour tenir ce langage il faut avoir produit la cote 44. ſans la lire, & avoir oublié ce qu'on avoit écrit dans la Requète du 26. Juillet 1730. L'air d'aſſurance avec lequel on fait dire au Sieur Marquis d'Antigny que les conſéquences du Supliant ne meritent pas d'être lûës, n'en impoſera à perſonne, parce qu'en matiere d'affaires contentieuſes ce ſont les raiſons & non le ton qui décident.

Seconde Objection. On a été chercher ces Ordonnances dans des lieux étrangers, leſquelles ſont abrogées, & c'eſt pour cela qu'on ne les a point inſérées dans le corps des Ordonnances, ce qui montre qu'elles ne peuvent avoir lieu dans le ſens qu'on veut leur donner.

Réponſe. Il eſt bien - tôt dit que ces Ordonnances ſont abrogées, on prie le Sr. Marquis d'Antigny d'en fournir la preuve, & de dire en même tems ce qu'il entend par le corps des Ordonnances ; & ſi des Ordonnances, Edits ou Déclarations qui ne ſe trouveroient que dans les Regiſtres des Parlemens ou Chambres des Comptes, n'auroient point force de Loi, parce que des Auteurs ne les auroient pas inſerées dans leurs Recueils. Quand il ſe fera expliqué là - deſſus, peut-être lui montrera-t-on qu'on n'a pas pris les Ordonnances citées dans des lieux étrangers, mais on atend ſa réponſe. Il convient lui-même que celle de Philipes Auguſte eſt raportée par pluſieurs autres Auteurs, que ceux qui ont été indiquez par le Supliant, auſquels il auroit pû ajouter Chopin, titre 13. liv. 2. du Domaine, la grande conference des Ordonnances, liv. 4. tit. 16. Fontanon, Brodeau ſur la Coutume de Paris, & pluſieurs autres, ce qui marque bien que cette Ordonnance n'eſt pas abrogée ; mais une pareille énumeration eſt quelque choſe de bien inutile.

Troisiéme Objection. *L'Ordonnance de Philipes Auguste de 1209. fut rendüe en faveur des aînez, pour les dédommager de la perte de la plus grande partie de leurs droits Seigneuriaux, par l'obligation où ils étoient de donner en partage à leurs puînez un Fief à condition du seul hommage, en sorte qu'ils se trouvoient privez des Services militaires & des autres devoirs qui leur étoient dûs comme Seigneurs dominans :* & cette Ordonnance n'a raport qu'aux partages de Fiefs, & non aux aliénations.

Réponses. 1° C'est une question si cette Ordonnance est en faveur des aînez, ou contre, dans l'examen de laquelle le Supliant n'entrera pas, parce qu'elle est indifférente au Procès; il se borne à démontrer, que le Roi & les Grands de son Royaume se proposerent d'empêcher à l'avenir les démembremens des Fiefs, & leur conversion en arieres-Fiefs, qui jusqu'alors avoient eu deux causes : l'une, étoit la liberté qu'avoient les Vassaux de vendre, d'aliéner, & de partager leurs Fiefs, comme ils jugeoient à propos à des hommes libres qui leur en faisoient foi & hommage, & serment de fidélité, & par ce moyen ne relevoient plus du Seigneur suzerain, mais du Seigneur immédiat qui leur avoit fait la concession : c'étoit-là la premiere source du grand nombre d'arieres-Fiefs qu'on voit encore, dans ce Royaume : l'autre étoit le *parage* établi par tout, ou presque par tout, selon Othon de Frisinge, *penè in omnibus Galliæ Provinciis,* par lequel lorsqu'un Fief étoit partagé en succession, les puînez qui en avoient chacun leur portion, relevoient en ariere-Fief de leur aîné, & le Seigneur suzerain étoit privé de la mouvance & profit des Fiefs.

Pour arrêter ces deux sources d'ariere-Fiefs, l'aliénation & le parage; le Roi Philipes Auguste & les Grands ou Hauts Seigneurs de son Royaume firent l'établissement de 1209. par lequel les arieres-Fiefs établis jusqu'alors furent confirmez, & défendu d'en faire aucuns à l'avenir.

Quoique ces faits soient exactement vrais, le Supliant ne veut pas en être crû sur sa parole, il pouroit les prouver par des traits historiques, dont le détail ennuyeux seroit très superflu; mais pour soulager l'atention de la Cour, il croit devoir se borner à ce qu'en a dit M. Brussel dans son Usage des Fiefs, imprimé en 1725.

Cet Auteur, tome 1, chapitre 2. où il fait voir la premiere origine des arieres-Fiefs, dit à la page 63. en parlant des Seigneurs qui possédoient des Fiefs pendant le onziéme & douziéme siécle; " Ceux-là,
,, dis-je, voulant aussi se faire une Cour particuliere, pour être par ce
,, moyen en état de se soutenir contre les entreprises des autres Bénéfi-
,, ciaires leurs voisins, ils démembrerent presqu'aussitôt des portions de
,, leurs Bénéfices, lesquelles ils donnerent semblablement à titre hérédi-
,, taire à des hommes libres, à condition qu'ils les tiendroient d'eux,
,, & que pour raison de ce, ils les serviroient en Guerre; ceci conti-
,, nua d'être ainsi pratiqué pendant le onziéme & douziéme siécle, jus-
,, qu'à ce qu'enfin le Roi Philipes Auguste par une Constitution de l'an
,, 1210. dont j'ai déja raporté la disposition dans mon premier chapitre,
,, ordonna *qu'à l'avenir tout ce qui seroit démembré des grandes Terres relé-*
,, *veroit nûment du suzerain du chef-lieu de la Terre démembrée.* Or c'est
,, cette ancienne licence de pouvoir sous-bénéficier, ou sous-inféoder des
,, portions d'un Bénéfice, qui a produit le plus grand nombre des arieres-
,, Fiefs que nous voyons aujourd'hui.

Bruſſel dit , *le plus grand nombre* , parce que dans un autre endroit qu'on va raporter, il parle de l'autre origine des arrieres-Fiefs , qui eſt le *parage* , qui a encore lieu dans les Provinces , dont les Hauts-Seigneurs n'aſſiſterent point à l'établiſſement de 1219. tel qu'eſt le Comté de Champagne.

Le même Bruſſel , tom. 2. liv. 3. ch. 13. pag. 873. s'explique ainſi ſur la ſeconde origine des arrieres-Fiefs, au n. 9. " Comme le *parage*
,, alloit à priver les Hauts-Suzerains de preſque toutes leurs mouvances
,, immédiates , ce qui eſt la ſeconde ſource d'un grand nombre d'arrieres-
,, Fiefs que nous avons aujourd'hui ; ce fut pour obvier à cet inconvé-
,, nient, que le Roi Philipes Auguſte fit le premier jour de Mai de l'an
,, 1210. (Delauriere & autres diſent 1209.) de concert avec *Eudes*
,, *Duc de Bourgogne* , Hervé Comte de Nevers , Renaud Comte de Bou-
,, logne , Guillaume Comte de Saint Paul , & Guy Sire de Dampierre ,
,, de Saint Dizier & de Bourbon , la Conſtitution dont nous avons déja
,, eu ocaſion de parler , & par laquelle il eſt dit ; qu'à compter de ce
,, jour premier de Mai 1210. quand il ſe fera le démembrement d'une
,, Terre Noble , par la voie du *parage* entre cohéritiers , ou d'une autre
,, maniere , tous ceux qui ſe trouveront avoir des portions de cette
,, Terre , les tiendront *immédiatement* en Fief du ſuzerain du chef-lieu ,
,, comme un ſeul tenoit de lui la totalité de cette Terre avant qu'il
,, en eût été fait le démembrement , & que toutes les fois qu'il devra
,, être fait le ſervice au Seigneur pour la totalité de ce Fief , chacun
,, de ceux qui en tiendront des parts ſera tenu d'en aquiter le ſervice à
,, proportion de ſa part , comme auſſi d'en rendre le rachat & toute la
,, Juſtice ; *qu'au ſurplus ce qui avoit été fait & uſité avant cette tranſac-*
,, *tion ſubſiſteroit.*

A-t-on bonne grace de dire que cette Loi eſt abrogée , tandis que tous les Auteurs François qui ont traité des Fiefs , la regardent comme ſervant de régle en ce Royaume , & que Bruſſel a intitulé ſon Livre *de l'uſage géneral des Fiefs en France pendant le onziéme , douziéme , trei-* *ziéme & quatorziéme ſiécle , pour ſervir à l'intelligence des plus anciens Titres* *du Domaine de la Couronne ?*

On ne voit par aucun acte cité ni raporté par le Sieur d'Antigny , qu'avant 1209. Sivry fût un arriere-Fief, il le faudroit pourtant pour le faire ſubſiſter , dans la ſupoſition même qu'il n'eût pas été réuni au Fief dominant ; mais le Sieur Marquis d'Antigny ayant établi par ſes piéces & ſes écrits que Sivry a été réuni à la Baronie d'Antigny rele- vant du Roi , ce ſeroit toujours une conſéquence néceſſaire qu'en l'état où ſont les choſes , cette Terre doit être dans la mouvance de la Couronne.

2° Il n'eſt point aiſé de comprendre que le Sieur Marquis d'Antigny ayant ſous les yeux l'Ordonnance de Loüis XI. ait pû avancer que celle de Philipes Auguſte n'eſt relative qu'aux démembremens qui ſe font par des parages , & non à ceux qui ſe font par des ventes , puiſque cette Ordonnance de Loüis XI. dit en termes formels, *que les Seigneurs ,* *au lieu de ſe tenir à la permiſſion de vendre leurs Fiefs ſimplement , & au* *lieu de ſervir à nôtre Couronne l'hommage qui étoit dû de tous les Fiefs , en* *vendant une partie d'iceux , ſe reſervoient l'hommage de cette partie venduë à* *celle qui leur demeuroit en propriété ; & ainſi en diviſant & dépeçant le Fief* *ils depeçoient l'hommage & rendoient ce qui étoit tenu en plein Fief de nô-*

tre Couronne en arriere-Fief, mais cette entreprise, continuë l'Ordonnance de Loüis XI. étant venuë à la connoissance du Roi Philipes Auguste, il en avoit arrêté le cours & l'usage par celle de 1209. qui défendoit telles reservations & les déclaroit nulles.

C'est pourquoi Loüis XI. ordonne que la Loi faite par Philipes Auguste sera observée, & déclare toutes reservations d'hommages faites, par les vendeurs des parties de Fiefs, de nul effet & valeur

L'Ordonnonance de Loüis XI. déclare que celle de Philipes Auguste a raport aux ventes & alienations; le Sieur Marquis d'Antigny trouve le contraire; auquel de ces deux Interpretes doit-on s'en raporter?

Mr. de Launay sur les Instituts de Loisel, page 29, décide ainsi cette question: *c'est une maxime constante, qu'il n'apartient qu'aux Souverains d'interpreter leurs Loix; voilà le Roi Loüis XI. qui déclare en termes formels, que les Rois ses prédecesseurs en donnant des Terres de leur Domaine, pour les tenir en Fief de la Couronne, ont entendu retenir la foi & hommage sur les membres qui pouroient être alienez, de ses Terres, comme ils ont retenu la foi & homage sur le chef de ces mêmes membres.*

En voilà plus qu'il n'en faut pour détruire une objection, sur laquelle il n'est pas possible que le Sieur d'Antigny ait sérieusement compté, malgré les faits historiques étrangers qu'il a entassez.

Quatriéme Objection. Selon la remarque de M. de Lauriere, l'Ordonnance de Philipes Auguste ne fit point Loi dans tout le Royaume, mais dans quelques Provinces.

Réponse. Que nous importe, puisque la Bourgogne est l'une des Provinces où elle fait Loi, & que nôtre Coutume en a fait une de ses dispositions?

Mezerai a dit, selon Brussel, liv. 2. ch. 13. tom. 1, qu'anciennement les Rois de France n'avoient point le droit d'établir des Coutumes ni des Loix dans les Terres des hauts Seigneurs que de leur agrément; donc par la raison des contraires ils pouvoient le faire de leur agrément; or Philipes Auguste, Eudes Duc de Bourgogne, & autres Grands du Royaume, firent de concert l'établissement des Fiefs de 1209. par conséquent cet établissement ou Ordonnance fut dès ce moment une Loi pour la Bourgogne à laquelle les Rédacteurs de la Coutume ont eu juste sujet de se conformer.

Cinquiéme Objection. L'Arrêt du Parlement de Paris dont l'extrait est produit par le Sieur Languet, n'est pas dans l'espece, puisque les Terres de Precy, Saint Martin & Lesmonts avoient fait partie du Comté de Brienne, au lieu que Sivry n'a jamais fait partie de la Baronie d'Antigny: il y avoit d'autres Terres que Precy, Saint Martin & Lesmonts comprises dans le décret, délivrées à la charge de la mouvance du Comté de Brienne, parce qu'elles en relevoient, & qu'elles n'en faisoient pas partie.

Reponse. Precy, Saint Martin & Lesmonts avoient été ancienrement arriere-Fiefs, ensuite réünis au Fief dominant, & en dernier lieu séparez à la charge de la mouvance du Comté de Brienne.

Sivry, selon le Sr. Marquis d'Antigny, étoit arriere-Fief dès le douziéme siécle, il a été totalement réüni selon lui à la Baronie d'Antigny: il en a été ensuite séparé

Ce fut la réünion de Precy, S. Martin & Lesmonts, qui les fit regarder comme unis & incorporez au Comté de Brienne ; & par conséquent comme étant dans la mouvance du Roi, dont les Seigneurs de Brienne n'avoient pû les faire sortir en s'en réservant la foi & hommage.

On doit porter le même Jugement de Sivry, puisqu'il est dans le même cas, quoique le Sieur Marquis d'Antigny tente de persuader le contraire par une répétition usée, & à laquelle on a peut-être trop de fois répondu.

Il paroit par le vû de l'Arrêt de 1695. que quelques Terres, entr'autre Precy, Saint Martin & Lesmonts, avoient fait partie du Comté de Brienne, qu'en 1579. elles en avoient été détachées & baillées pour la dot de Dianne de Luxembourg, à la charge de la mouvance ; elles y avoient été du depuis réünies, & ensuite aliénées, à la charge encore de la mouvance.

Ces trois Terres ainsi séparées du Comté de Brienne ayant été mises en decret avec la Terre d'Yenville sur Dame Madelaine Mignot, veuve du Sr. Marquis de l'Hopital, il y eut Sentence aux Requêtes du Palais qui ordonna que les Terres de Precy, d'Yenville, Saint Martin & Lesmont seroient venduës & ajugées à la charge de la mouvance au profit du Comte de Brienne.

Mr. de la Brisse Procureur Général au Parlement de Paris se pourvût contre cette Sentence, & demanda que les Terres de Precy, S. Martin & Lesmont fussent déclarées mouvantes immédiatement en plein Fief au Roi, atendu qu'elles faisoient originairement partie du Comté de Brienne, & que du depuis Henry de Clermont & Charlotte de Luxembourg Comte & Comtesse de Brienne avoient démembré ces trois Terres de leur Comté, par la vente qu'ils en avoient faite le 2. Octobre 1634. à Messire François de l'Hopital, avec rétention de la mouvance, & de foi & hommage envers le Comté de Brienne, se raportant à la Cour de statuer sur la Terre d'Yenville ce qu'elle trouveroit à propos.

Sur les poursuites de ce grand Magistrat, le Parlement de Paris réforma la Sentence des Requêtes du Palais du 20. Mai 1677. en ce qu'elle avoit ordonné que les Terres de Precy, Saint Martin & Lesmont seroient venduës & ajugées à la charge de la mouvance au profit du Comte de Brienne, comme étant mouvantes dudit Comté, émandant quant à ce, déclara les Terres de Precy, Saint Martin & Lesmont mouvantes immédiatement & en plein Fief du Roi, à cause de son Comté de Chaumont en Bassigny, comme ayant fait partie du Comté de Brienne & au résidu la Sentence fut confirmée.

L'espece de l'Arrêt étant telle, il étoit très-inutile de relever qu'il y avoit bien d'autres Terres que Precy, Saint Martin & Lesmont, comprises dans le decret & délivrées à la charge de la mouvance du Comté de Brienne, car encore que la Terre d'Yenville fut comprise avec les trois autres dans ce decret, & que la vente en eut été ordonnée à la charge de la mouvance au Comté de Brienne : les poursuites de Mr. le Procureur Général n'eurent pas la mouvance de cette Terre pour objet, parce qu'Yenville étoit dans un cas different que l'Arrêt n'explique point : il déclara dès le commencement qu'il ne prétendoit point faire aucune poursuite à ce sujet, & qu'il s'en raportoit à la prudence de la Cour ; ses Conclusions ne porterent donc que sur les Terres de Precy, S. Martin & Lesmont qu'il fit déclarer mouvantes, immédiatement & en plein Fief du Roi, parce qu'autrefois & avant l'aliénation de ces Terres elles avoient été réünies au Comté de Brienne, en faisoient partie par la réunion ; & par ce moyen étoient un Fief immédiat de la Couronne.

Qu'on tourne l'Arrêt de 1695. de tant de façons qu'on voudra, l'on n'y trouvera autre chose : Precy, Saint Martin & Lesmont réunis au Comté de Brienne en faisoient partie, comme Sivry depuis la réünion à la Baronie d'Antigny, a fait partie de cette Baronie : le Parlement de Paris a jugé que l'aliénation de Precy, Saint Martin & Lesmont, avec rétention de foi & hommage n'avoit pû soustraire ces trois Terres à la mouvance du Roi, même après l'Arrêt de 1648. lors duquel au préjudice du droit de Sa Majesté l'on avoit surpris la religion de Messieurs du Parlement, ausquels pour avoir mainlevée de la saisie féodale l'on avoit celé l'aliénation du 2. Octobre 1634. que l'on trouvoit encore subsister lors de la saisie réelle ; à plus forte raison l'aliénation de Sivry faite par le Baron d'Antigny sans rétention de foi & hommage n'a pû priver le Roi de sa mouvance.

Plus les Sieur & Dame d'Antigny font d'objections pour obscurcir la verité, plus elle se dévelope contre leur intention ; avec quelle clarté ne paroîtroit-elle pas, s'ils avoient voulu representer toutes les pieces qu'ils cachent dans leurs Archives.

Sixième Objection. Le Fief de Sivry n'a jamais été une apartenance du Marquisat d'Antigny, c'est-à-dire, qu'il n'a jamais fait partie du corps & Domaine de ce Fief dominant, au moins depuis le douzième siècle ; mais une apendance en ce qu'il en a toujours relevé.

Réponse. Cette distinction plus que métaphisique d'apartenance & apendance n'a pas le sens que le Sieur Marquis d'Antigny voudroit lui donner. Brussel qui en est l'inventeur se plaint dans la dix-septiéme page de son ouvrage, de ce qu'aucun Feudiste avant lui n'en a fait mention, & explique cette distinction en disant : *par le terme d'apartenance on doit entendre les primordiales consistances de la Seigneurie, en hommes, terres, &c. & les apendances sont au contraire tout ce qui a été nouvellement ataché à la Seigneurie,* c'est-à-dire, que selon lui, ce qui étoit d'abord *apendance,* devient *apartenance* par la suite, ains qu'il arrive rien de nouveau, & que le tems seul convertit le nom d'apendance en celui d'apartenance.

Mais que M. d'Antigny donne à Sivry tel nom qu'il jugera à propos, il sera toûjours vrai de dire, qu'étant convenu dans sa cote 44. que la *Seigneurie de Sivry fut réunie à son Fief dominant de ladite Bareme,* on en doit conclure que cette Seigneurie a fait partie du Fief dominant, & est par là devenuë de la même nature que le Fief dominant, n'étant pas douteux que les parties ne soient ce qui compose le corps : on peut dire même qu'en raisonnant sur les principes de la Partie averse, Sivry, lors de l'aliénation de 1589. étoit ce qu'il apelle apartenance ; parce qu'alors la réunion étoit déja si ancienne, qu'encore que la cote 44. en assure l'existance, elle ne dit pas le tems auquel cette réunion avoit été faite.

Septiéme Objection. Ce que dit Othon de Frisinges dans la vie de l'Empereur Frederic, prouve que la Constitution du Roi Philipes Auguste ne faisoit point Loi dans tout le Royaume, même dans la Bourgogne, quoiqu'Eudes, Duc de Bourgogne, y eut été présent, & qu'elle eût été faite de concert avec lui, *mos in illa, nempe Burgundionum Provinciâ qui penè in omnibus Gallia Provinciis servatur, remansit, quo semper seniori fratri ejusque liberis, seu maribus, seu feminis paterna hæreditatis cedat auctoritas, cæteris ad illum tanquam ad Dominum respicientibus.*

Réponses. 1° L'Ordonnance de 1209. a défendu, les démembremens de Fief qui se pouroient faire, tant par la vente que par le parage : Othon de Frisinges, ou de Frisingues, dans la vie de l'Empereur Frederic Barbe Rousse, ateste que le parage étoit en usage dans la Province de Bourgogne ; mais il n'ateste pas qu'au tems qu'il écrit, il y fût permis de vendre partie de son Fief, & de s'en retenir l'hommage au préjudice du Seigneur Suzerain : ainsi la citation, quand elle seroit d'ailleurs aplicable, ne seroit rien en ce procès, où il n'est question que de sçavoir si le Vassal qui a vendu son Fief, peut s'en être réservé la mouvance.

2° Il est singulier que le Sieur Marquis d'Antigny, qui ne paroit que trop versé dans l'Histoire, à la faveur d'un anachronisme, vienne citer l'autorité d'un Evêque de Frisingues, qui toute vraie qu'elle est, ne peut servir de rien à la question.

Cet Evêque, selon M. Fleury, dans son Histoire Ecléfiastique, tome 15. page 51. imprimée en 1719. mourut à l'Abaye du Morimont, dont il avoit été Abé le 21. Septembre 1158. par conséquent de ce qu'il a dit que le parage étoit en usage en Bourgogne, il ne suit pas que la Constitution de Philipes Augustes, faite plus de cinquante ans après la mort de cet Auteur, n'ait pas été exécutée en Bourgogne : elle y a si bien été exécutée, qu'elle s'y exécute encore.

On demeure d'acord que du tems d'Othon de Frisingues, le parage avoit lieu en Bourgogne, & que les Seigneurs, pour se faire des arrieres-Vassaux, aliénoient des parties de leurs Fiefs, & les donnoient en arriere Fiefs, & que ces deux abus furent réprimez par Philipes Auguste, & le Duc de Bourgogne entr'autres ; mais de ce que ces abus se pratiquoient en cette Province avant l'Ordonnance, selon Othon, il ne suit nullement qu'ils s'y soient pratiquez depuis l'Ordonnance : notre Coutume, qui ne parle point du parage, & qui veut que l'aquereur d'une partie du Fief rende hommage au Seigneur, à qui le possesseur du reste du Fief le rend, en est une preuve bien certaine.

Huitiéme Objection. Il est prouvé par les établissemens de S. Loüis, chap. 44. & 74. que le parage ne fut pas aboli par l'Ordonnance du premier Mai 1209.

Réponses. 1° Les établissemens de Saint Loüis n'ont jamais eu force de Loi en France, ce fut un simple projet qui n'eut jamais d'exécution, & le Roi l'auroit vainement tenté, suivant toutes aparences, parce que la plûpart des hauts-Seigneurs avoient intérêt de s'y oposer : l'on prétend même que ces établissemens sont l'ouvrage d'un particulier, qui pour le faire valoir, le publia sous le nom, & après la mort de ce Saint Roi.

2° Les deux chapitres des établissemens de S. Loüis, citez par le Sieur Marquis d'Antigny, ne sont aplicables qu'aux Provinces pour lesquelles la Constitution de Philipes Auguste de 1209. ne fut pas faite, telles qu'étoient l'Anjou, la Champagne, le Maine, le Poitou, la Normandie, & autres dont les hauts-Seigneurs n'assisterent pas à l'établissement de 1209.

Une preuve que les établissemens de S. Loüis, touchant le parage, ne regardent que ces Provinces, c'est qu'on ne fera pas voir que depuis 1209. le parage ait eu lieu à Paris, ni dans ce qui étoit soumis immédiatement au Roi de France : on trouve en effet, que le chapitre 44. commence par ces mots, *nul hons qui tient en parage* : ce qui est relatif aux lieux seulement où le parage étoit en vigueur ; & le chapitre 74. commence par ces autres mots : *Se aucuns avoit tenu en parage longuement & cil de qui il auroit tenu deüst* : ce qui est relatif encore uniquement à celui qui auroit tenu en parage, c'est-à-dire, au Vassal de quelqu'une des Provinces où le parage avoit lieu, & non aux Vassaux des Provinces dont le parage étoit exclus par l'Ordonnance de 1209. telles qu'étoient la Bourgogne, le Nivernois, le Boulonnois, &c. Ainsi les Etablissemens de S. Loüis, quand on leur donneroit force de Loi, ne décideroient rien pour la Province de Bourgogne.

3° Mais quand ils décideroient avec effet, que le parage se seroit maintenu en Bourgogne, nonobstant la Constitution ou Etablissement de Philipes Auguste, cela ne décideroit encore rien pour la question du Procès, parce que cette Constitution avoit proscrit de la Bourgogne les démembrémens faits, soit par parage, soit par vente ; quand les Etablissemens de S. Loüis y auroient rétabli le démembrement qui se faisoit par le parage, il ne suivroit pas de là qu'ils eussent rétabli, ni là, ni ailleurs les démembremens qui se faisoient par le moyen des ventes & aliénations, & c'est là le cas dont il s'agit au Procès, dans lequel le Sieur Marquis d'Antigny n'a pas même entrepris de vérifier que l'Ordonnance de 1209. ait reçû la moindre atteinte ; car aucun des traits d'Histoire qu'il a citez ne prouve que depuis cette Ordonnance il ait été permis à aucun Vassal en aliénant partie de son Fief, de s'en retenir la foi & hommage.

Et pour être persuadé que les Etablissemens de S. Loüis n'ont point changé la Jurisprudence de l'Ordonnance de 1209. à cet égard, il n'y a qu'à lire ce qu'a écrit Philipes de Beaumanoir Bailli de Clermont en Beauvoisis, de Senlis & de Vermandois, Conseiller de Robert, Comte de Clermont, fils du Roi S. Loüis, lequel Beaumanoir, commença d'écrire ces Coutumes de Beauvoisis en 1283. c'est-à-dire, dans un tems très-proche des Etablissemens de S. Loüis, qui sont de l'année 1270.

Beaumanoir dans son chapitre 45. dit, que si aucun abrège ou démembre le Fief qu'il tient, le Seigneur de qui ce Fief est mouvant, gagne l'hommage, ce qui signifie que l'aquereur reléve de lui ; *se aucuns abrège le Fief qui est tenu de li, li Sire de qui est muet a gaaigné l'houmage, & est à niens serviche.*

Le chapitre 57. du même Auteur est employé à décider la même question. Beaumanoir y dit en son vieux langage, que les Vassaux peuvent bien acroître les Fiefs qu'ils tiennent de leurs Seigneurs immédiatement, par des héritages qui sont tenus d'eux en roture ; par exemple, dit-il, si je tiens du Comte, & en mon Fief aye droit de champart que me doivent des terres roturieres, ou bien des cens & rentes que les terres roturieres doivent ordinairement ; & si je fais tant que le fond de tels héritages mouvans de moi, soit mien ; c'est-à-dire, que j'en devienne Propriétaire de quelque maniere que ce soit, ils deviennent de la même nature que mon Fief dont j'étois Propriétaire.

R

Beaumanoir ne s'en tient pas à faire voir que les parties réuries au Fief devierrent de la même nature que le Fief, il va plus loin ; & pour prouver que celui qui a fait l'union, ne peut plus désunir au préjudice du Seigneur suzerain, il fait l'espece d'une contestation de laquelle, tout de suite, il raporte le Jugement : voici comment, quoique ce ne soient pas les mêmes termes, qui fatigueroient trop l'atention de la Cour.

Pierre avoit acheté une piéce de Terre qui lui étoit auparavant censable, de douze deniers de cens ; ce cens étoit dans l'étenduë d'un Fief dont il étoit Propriétaire : quand il eut possédé un peu de tems l'héritage censable, il voulut s'en défaire, & le donner une seconde fois à douze deniers de cens ; le Seigneur de qui Pierre tenoit le Fief, & le cens réuni, voyant que Pierre par son aquisition avoit augmenté le Fief d'une piéce de terre, & qu'ensuite il vouloit de son autorité privée diminuer le même Fief, & le rendre pur, en ôtant de sa main l'héritage dont il avoit acrû le Fief, ledit Seigneur agit, & saisit tout le Fief comme diminué, en disant que Pierre n'avoit pas le pouvoir de faire cela.

A cela Pierre répondit qu'il pouvoit bien le faire ; car s'il avoit acheté le vilainage qui lui devoit douze deniers de cens, il n'augmentoit ni ne diminuoit le Fief de son Seigneur ; & sur ce, se mirent en Justice, & plaiderent.

Quelle fut la décision ? Beaumanoir repond ; *il fut jugé que puisque Pierre avoit conjoint avecques son Fief ché qui estoit tenu de li en vilenage, il ne le pooit disjoindre ne alongier sans l'otroi de son Seigneur, ainchois pooit li Sire penre le lieu comme mesfet, & comme son Fief esbranchié ; & par chel Jugement puet on veoir apertement, que il loist à chascun à acroistre & à amander le Fief qu'il tient de son Seigneur ; mais il ne li loist pas comment que il l'ait acreu par bonne cause à apetitier ne à empirier en ebranchant ne en fesant arriere-Fief.*

Cette autorité prouve démonstrativement que les Etablissemens de S. Loüis n'ont rien changé à la disposition de l'Ordonnance de 1209. selon laquelle la partie venduë releve du même Seigneur, que les autres Parties du Fief qui n'ont pas été aliénées, & que le Seigneur d'Antigny ayant réuni Sivry à sa Baronie, depuis cette réunion n'a pû en aliénant les parties réunies, s'en retenir la mouvance, ni tacitement ni expressément. Telle étoit la Jurisprudence, selon Beaumanoir, immédiatement après les Etablissemens de Saint Loüis.

Neuvieme Objection. M. de Lauriere dans sa Préface nous assure que *nonobstant la Constitution de Philippes Auguste, on suivit toujours l'ancien Droit, & qu'il nous en reste encore des vestiges dans quelques-unes de nos Coutumes.*

Réponse. L'Auteur ne s'explique pas en ces termes indéfinis ; car voici comme il parle dans la page 21. de sa Préface où il n'est question que du parage ; *mais comme cette Ordonnance n'étoit pas générale, & comme elle ne regardoit que les Terres des Barons, & des Seigneurs qui l'avoient demandée, elle ne fut observée que dans quelques Provinces du Royaume ; ailleurs on suivit toujours l'ancien Droit, dont il nous reste encore des vestiges dans quelques-unes de nos Coutumes (comme Troyes, Nantes, Senlis, Amiens) où il est au choix des puinez de relever du Seigneur suzerain ou de leur ainé.*

Selon l'Auteur, l'Ordonnance de 1209. est toujours observée dans les Terres des Barons & Seigneurs qui l'avoient demandée ; le Duc de Bourgogne étoit un de ces Seigneurs : donc cette Ordonnance, selon M. de Lauriere, a toujours été observée en Bourgogne, même en ce qui concerne le parage, & à plus forte raison, en ce qui concerne les ventes & aliénations de Fief, dont les parties aliénées ont toujours relevé depuis l'Ordonnance de 1209. des mêmes Seigneurs dont elles relevoient avant l'aliénation.

Le Sieur Marquis d'Antigny, quelques lignes plus bas dans la même page, qu' est la 46. de son Factum, avoue que de ce que le Duc de Bourgogne assista à cette Ordonnance & la signa, on pouroit conclure qu'elle avoit lieu dans cette Province ; mais pour répondre à cet argument pressant, il cite de nouveau Othon de Frisingues qui assure, que l'usage contraire du parage s'observoit en Bourgogne, *mos in illa*. Mais malheureusement pour la solution, cet Evêque étoit mort cinquante deux ans avant que l'Ordonnance fût faite, comme on l'a déja observé, & cette Ordonnance ne fut faite que pour coriger l'abus du grand nombre d'arrieres-Fiefs qu'on introduisoit tous les jours, & pour en tarir les deux sources.

Après tout, quand depuis cette Ordonnance le parage auroit eu lieu en Bourgogne, qu'y gagneroit le Sieur Marquis d'Antigny, puisque parmi le grand nombre d'autoritez qu'il a citées, pas une ne tend à faire voir que depuis l'établissement de Philipes Auguste, on ait permis à aucun Seigneur de Bourgogne, en aliénant quelque partie de son Fief, d'en retenir la mouvance, ce qui fait la question unique du Procès ?

Dixiéme Objection. La Constitution de Philipes Auguste n'a été faite que pour avoir lieu dans les Domaines qui étoient sous l'obéissance du Roi & tout au plus entre les Seigneurs qui la souscrivirent pour la succession de leurs Fiefs.

Réponse. Si cette Ordonnance a été faite pour avoir lieu entre les Seigneurs qui la souscrivirent, elle a été faite pour la Bourgogne ; car le Duc de Bourgogne la souscrivit ; c'est ainsi que le Sieur Marquis d'Antigny avoue ce qu'il a nié, il n'y a qu'un moment : d'abord nonobstant l'établissement de 1209. le parage avoit lieu en Bourgogne, *mos in illa* : présentement il n'y a plus lieu, puisque l'Ordonnance qui l'exclut doit être observée dans les Terres des Seigneurs qui la souscrivirent ; il faut que la verité soit bien puissante pour s'échaper, tantôt des écrits, tantôt des pièces, tantôt des faits historiques, sous lesquels on vouloit l'ensevelir.

Onziéme objection. L'Ordonnance de Philipes le Bel n'ayant été faite que pour remédier aux abus que commettoient les Seigneurs relevans immédiatement du Roi, en abrégeant les Fiefs, n'est pas aplicable à l'espece du Procès, puisque Girard de Vienne, en vendant à Brouhot, n'a ni aliéné, ni démembré, ni éteint, ni amorti aucune partie de ce qui composoit le corps & le Domaine de la Baronie d'Antigny, le Fief de Sivry, n'en ayant jamais été qu'une appendance.

Réponse. Vaine distinction ; il sufit de se rapeller qu'il est aquis au Procès que toutes les portions de Sivry ont été réunies à la Baronie d'Antigny & ensuite aliénées, & que la Partie averse prétend que l'hommage n'en est pas dû au Roi, pour être convaincu que le Fief a été démembré ; si l'aliénation d'une partie du Fief en ôtant la foi & hommage à celui de qui

le Fief releve, n'eſt pas un démembrement; qu'on ait la bonté d'indi-
quer en quoi le démembrement conſiſte; il eſt encore aquis qu'Antigny
releve immédiatement du Roi; c'eſt donc un Fief de la Couronne qu'on a
abregé; la Partie averſe eſt par conſéquent dans le cas prohibé par l'Ordonnance de Philipes le Bel, *ordinamus quod illa quæ alienata ſunt in-
præjudicium noſtrum, ſive damnum, nobis inſcio & ignorante, ad ſtatum
priſtinum reducantur.*

Douzième Objeĉtion. L'Ordonnance de Loüis XI. raportée par M. de
Launay dans ſon Commentaire ſur les Inſtitutes de Loiſel, liv. 1. reg. 4.
ne fut renduë que pour décharger le Roi de faire hommage à ſon Sujet, duquel releve un Fief qui lui échéroit par quelque voye que ce
ſoit; on en peut juger par les termes même dans leſquels elle eſt conçuë, & par ce qu'en dit l'Auteur qui en fait mention.

Répoⁿſe. La leĉture de cette Ordonnance aprend que les Vaſſaux ne ſe
tenoient pas, avant l'établiſſement de 1209. à vendre leurs Fiefs ſimplement; mais qu'en vendant une partie d'iceux, ils ſe réſervoient l'hommage de la partie venduë, à celle qui leur demeuroit en propriété; &
ainſi en diviſant & dépeçant le Fief, ils dépeçoient l'hommage & rendoient ce qui étoit tenu en plein Fief de la Couronne en arriere-Fief,
& que c'étoit cet abus que l'Ordonnance de 1209. avoit voulu corriger,
qu'elle avoit défendu très expreſſément telles aliénations, & les avoit déclarées nulles, & de nul effet. C'eſt cette Ordonnance de Philipes Auguſte
que celle de Loüis XI. confirma; par conſéquent il eſt évident que l'Ordonnance de Loüis XI. eſt aplicable à l'eſpece dont il s'agit.

Il eſt vrai que de Launay commentant la quatriéme Régle de Loiſel;
qui dit en parlant du Roi, *tous les hommes de ſon Royaume lui ſont Sujets*, a dit que l'Ordonnance de Loüis XI. prouve que le Roi qui a
réuni un Fief à ſa Couronne, n'eſt pas obligé d'en faire foi & hommage, ſelon l'Ordonnance de Loüis XI. Mais l'Auteur n'a dit aucune
part, que cette Ordonnance ne défend pas aux vendeurs d'une partie
de leurs Fiefs, de s'en retenir l'hommage, & comment l'auroit-il pû
dire contre la diſpoſition textuelle de la même Ordonnance?

S'il l'a employée pour prouver que le Roi n'eſt tenu en aucun cas
de faire hommage à ſes Sujets, ſuit-il de là, que cette Ordonnance ne
prouve aucune autre choſe?

Un Phyſicien qui prouveroit que le Soleil produit les métaux dans le
ſein de la terre, borneroit-il ſon pouvoir à cette ſeule opération, & en
prouvant ſa theſe, dénieroit-il que le Soleil produit les fleurs & les fruits?

Il n'eſt donc pas étonnant que Delaunay qui s'étoit propoſé uniquement
de prouver par l'Ordonnance de Loüis XI. que le Roi étoit exempt de
faire hommage à ſes Vaſſaux, n'ait pas commenté toutes les diſpoſitions
que l'Ordonnance contient, quoiqu'elles s'apliquent plus aiſément & plus
naturellement au point de ſçavoir, ſi le Vaſſal qui aliére partie de
ſon Fief, peut s'en retenir la mouvance: ce n'eſt pas de l'uſage que
de Launay a fait de l'Ordonnance de Loüis XI. que le Supliant conclut que le Baron d'Antigny, en alienant une partie de ſon Fief, n'a
pas pû s'en retenir ni conſerver la mouvance; mais c'eſt du texte même de l'Ordonnance qui le dit en termes précis, & que la Partie averſe
ne rend point équivoques, par le grand nombre de faits étrangers qu'il
a citez.

Treizième Objection. L'article 7. de nôtre Coutume au titre des Fiefs , difant , *partage ou divifion de chofes feodales ne préjudicie point au Seigneur
du Fief , &c.* doit être ainfi entendu *partage ou divifion de chofe feodale
entre cohéritiers ne fait point de préjudice au Seigneur pour les droits qui
lui font acquis avant le partage , lefquels il peut exercer folidairement contre tous
les copartageans.*

Réponfes. 1° Nôtre Coutume , en parlant de partage ou divifion de
chofes feodales , n'ajoute point entre cohéritiers , terme qui excluroit les di-
vifions qu'on peut faire d'un Fief par vente , aliénation & autrement
que par des partages entre cohéritiers , & que la Coutume n'a voulu
ni pû vouloir exclure , puifqu'elle devoit être conforme à l'établiffement
qu'avoit fait fon Legiflateur.

Ce n'étoit pas la peine de raffembler tant de faits & d'employer
jufqu'à des anachronifmes pour infinuer que depuis 1209. le parage avoit
eu lieu en Bourgogne , dès qu'on vouloit avoüer dans la fuite , comme
on le fait par l'objection à laquelle on répond , que nôtre Coutume
exclut le parage , puifque chacun des cohéritiers , en partageant un Fief ,
eft tenu de rendre les devoirs feodaux à fon Seigneur , & que l'aîné ne
feroit pas reçû à le rendre pour les puînez.

Mais ce n'eft pas affez de convenir que nôtre Coutume eft conforme
à l'Ordonnance de 1209. en ce qu'elle exclut le parage , il faut auffi
de nurer d'acord qu'elle y eft conforme en ordonnant que le poffeffeur
d'une partie alienée d'un Fief , doit rendre la foi & hommage au Seigneur Suzerain de ce Fief , & non au Vaffal qui a vendu cette
partie.

Quand nôtre Coutume dit , *partage ou divifion de chofes feodales , ne préjudicie pas au Seigneur du Fief , ains demeurera chacun homme feodal &
Vaffal dudit Seigneur pour fa part & portion , & en fera tenu un chacun
de faire fon devoir de Fief envers ledit Seigneur du Fief,* cela fignifie deux
chofes , l'une : que celui qui eft devenu propriétaire par un partage d'une
partie du Fief eft tenu d'en rendre les devoirs au Seigneur de qui tout
re'evoit : l'autre , que quand on eft devenu propriétaire d'une partie du Fief
par vente , aliénation ou échange , on eft dans la même obligation de
rendre la foi & hommage au même Seigneur fuzerain qui eft ici
le Roi.

Vainement le Sieur Marquis d'Antigny opofe-t-il , que la particule
disjonctive *ou* doit être prife pour la particule conjonctive *&* , fous pretexte que la Loi 53. *ff. de V. S.* dit que , *nonnunquam difjuncta pro
conjunctis , conjuncta pro disjunctis accipiuntur ;* car la glofe explique ces mots
par ceux-ci , *hoc quidem judicatur ex mente loquentis.* Or fi l'on veut
trouver quelle a été l'intention des Redacteurs de la Coutume , il n'y a
qu'à fe rapeller les termes dont fe fervit le Duc de Bourgogne dans
l'Ordonnance de 1209. & ceux dans lefquels les Coutumes de Nevers
& de Boulogne en ont rendu le fens ; d'ailleurs il ne faut pas s'imaginer , que fous pretexte que la Loy dit que quelquefois on prend
la disjonctive pour conjonctive , cela foit permis en toute forte de
cas : fi cela étoit la difference de la conjonction & de la disjonction ne
feroit d'aucun ufage : le feul cas où il foit permis de les prendre l'une
pour l'autre , eft lorfque fans ce moyen la difpofition d'une Loi , ou les
claufes d'un teftament auroient un fens abfurde , ce qui ne fe rencontre

S

pas ici en prenant la disjonctive dans son sens naturel, qui est que lors
du partage entre cohéritiers, ou lors de la division d'un Fief entre ceux
qui ne sont pas cohéritiers, les uns ni les autres ne peuvent pas diviser
l'homage, & il faut qu'ils le rendent nécessairement à celui à qui il étoit
dû avant le partage ou division ; mais qu'importe après tout, qu'on
prenne la particule disjonctive *ou* dans son sens naturel, ou qu'on la prenne pour la conjonctive *&* ? Dans l'un & l'autre cas, la Coutume voudra
que celui qui partage, & celui qui divise, rende foi & hommage à l'ancien Seigneur du Fief : quand on diroit : partage *&* division de chose feodale ne fait point de préjudice au Seigneur, cela ne signifieroit - il pas
que ni le partage, ni la division ne sçauroient nuire à ses droits ? nôtre
Coutume en cet endroit n'a pas fait un pleonasme, ni confondu le partage avec la division, le genre avec l'espece ; personne n'ignore que tout
partage est division, mais que toute division n'est pas partage : lorsque
le Seigneur vend une partie de son Fief, il le divise, il ne le partage
pas : mais quand des enfans font un partage du Fief, ils le partagent, &
le divisent ensemble.

Quatorziéme Objection. Il faut expliquer l'article septiéme des Fiefs par le sixiéme qui est ainsi conçû, *en partage & division de choses feodales, n'est point
de necessité aux Parties de prendre consentement des Seigneurs du Fief, pour
prendre la possession de ce que par ledit partage leur av ent.* ,, Ce qui s'entend,
,, dit Begat, du partage de choses échuës par succession ou directe, ou col-
,, laterale, & que l'on aquiert, *familiæ ercifcundæ judic o.*

Réponse. Pour faire entendre le sens de l'Auteur, il faloit ne rien retrancher de ce qu'il dit en cet endroit, voici tous ses termes : *je crois vo-
lontiers que la Coutume s'entend seulement en partage de chose échüe par
succession, ou directe ou collaterale, & que l'on aquiert,* familiæ ercifcundæ
judicio *que si toutefois on la veut entendre des choses aquifes communément par un contrat de vente ou permutation, la possession, dont l'article parle,
ne se doit interpreter que de la possession de droit, que le partageant aquiert
& non pas de la réelle.*

C'est-à-dire, selon l'Auteur, que le cohéritier, par notre Coutume,
n'est pas obligé de rendre les devoirs au Seigneur du Fief avant la possession réelle ; mais que l'aquéreur à titre particulier, doit commencer par
rendre les devoirs au Seigneur, qui dans l'espece particuliere est le Roi,
avant de prendre la possession réelle, sans quoi il s'exposeroit à perdre ce
qu'il a aquis : il y a donc, selon lui, différence entre le partage & la division de l'aquéreur, *par contrat de vente ou permutation* ; puisque celui
qui partage, n'est pas obligé de rendre les devoirs avant la prise de possession, & que l'aquéreur y est obligé à peine de commise.

On ne peut pas douter que ce ne soit là le sens & de la Coutume,
& du Commentateur, en lisant l'article 8. du même titre, qui dit qu'*en
aliénation & transport de choses feodales, commise n'a point de lieu, si l'a-
cheteur ou celui qui a aquis ladte chose feodale, n'en prend la possession réelle
sans le consentement du Seigneur du Fief* : cela signifie que lorsqu'il y a aliénation ou du Fief, ou d'une partie du Fief, si l'acheteur se met en possession de la chose aquife, sans faire les devoirs de Fief, il encourt la commise :
nul doute par conséquent, que lorsque Brohot ou ses auteurs ont aquis
la Seigneurie de Sivry, ou des portions de cette Seigneurie réünies au Fief
dominant d'Antigny, ils n'ayent été dans la nécessité de faire les devoirs

de Fief au Roi, qui étoit le Seigneur dominant & Suzerain de cette Baronie.

Si l'article 7. n'a été redigé, comme il eſt, que pour regler la maniere dont en uſeroient des cohéritiers envers le Seigneur Suzerain, pour les portions qui leur ſeroient échûës en partage; il faut que le Sieur Marquis d'Antigny diſe quel autre article regle les devoirs d'un aquéreur étranger envers le Seigneur; lorſque cet aquéreur achete une partie d'un Fief, en doit-il faire les devoirs au Vaſſal de qui Il achete? Au Seigneur dont le Fief releve? Ou ne les doit-il faire à perſonne? on ne dira pas qu'il doive faire foi & hommage au Vaſſal qui vend; en recevant ſon argent, il eſt payé; l'aquéreur ne lui doit plus rien: on ne dira pas non plus qu'il ne doit les devoirs de Fief à perſonne, puiſque ſi, ſans les faire, il ſe met en poſſeſſion de la choſe aquiſé, l'article 8. prononce contre lui la peine de la commiſe. Il faut donc que les devoirs de Fief que la Coutume l'obligé de rendre, ſoient rendus au Seigneur: or le Seigneur dont il s'agit, eſt le Roi; c'eſt donc à Sa Majeſté que les devoirs de Fief ont dû être rendus, & par le Supliant, & par ſes auteurs aquéreurs d'une portion de la Baronie d'Antigny.

Quinziéme objeċtion. Les Arrêts citez par le Sieur Languet ne ſont point aplicables: il eſt vrai que celui du 5. Septembre 1695. a quelque choſe de *ſéduiſaut, capable de ſurprendre*; mais quand on l'examine de près, on trouve qu'il eſt dans une eſpece differente; car les Terres de Précy, Saint Martin & les Monts, faiſoient partie du corps du Comté de Brienne, au lieu que Sivry n'a jamais fait partie de la Baronie d'Antigny.

Réponſe La cote 44. dit le contraire.

Seiziéme objeċtion. L'article 30. de la Coutume de Nevers, n'eſt pas conforme à la notre; mais bien l'article 19. qui ne parle, comme l'article 7. de la notre, que du partage des Fiefs entre cohéritiers.

Réponſe. La difference qu'il y a entre ces deux Coutumes, c'eſt que celle de Bourgogne a exprimé par un ſeul article, en termes courts, nets & précis, les deux diſpoſitions de l'Ordonnance de ſon Legiſlateur de l'année 1209. & que celle de Nevers l'a fait par deux articles, qui ne ſont ni ſi courts, ni ſi clairs que celui de la notre, mais qui néanmoins diſent la même choſe, & ſe conforment auſſi aux diſpoſitions de l'Etabliſſement de 1209. car l'article 19. porte que *partage de choſe féodale, ne fait préjudice au Seigneur, & demeure chacun ayant part & portion, Vaſſal dudit Seigneur.* Voilà qui exclut le parage conformement à l'Ordonnance de 1209. L'article 30. défend au Vaſſal de donner en arrieré-Fief partie de ce qu'il tient en plein Fief: voilà qui défend au Vaſſal de ſe retenir la foi & hommage de la partie aliénée de ſon Fief.

Dix-ſeptiéme Objeċtion. La prétention du Sieur Languet va à tout bouleverſer & à anéantir tous les arrieres-Fiefs de la Province.

Réponſe. Il n'y a point de danger qu'il y en ait d'anéantis, que ceux qui méritent de l'être; l'Ordonnance de Philipes Auguſte confirma tous les arrieres-Fiefs qui exiſtoient au mois de Mai 1209. & déclara nuls tous ceux qui ſeroient introduits dans la ſuite; de-là il ſuit que tous les arrieres-Fiefs de cette Province, dont l'origine ne paroît pas poſtérieure au commencement du douziéme ſiécle, ſont à l'abri de toutes recherches; & l'on doit raiſonner en fait d'arrieres-Fiefs, ſur tout en Bourgogne, de même qu'en matiere de dixmes, dont les inféodations qui précédérent le Concile de Latran de l'an 1179. furent confirmées, & défendu d'en inféoder aucunes à l'avenir. Selon cette Jurisprudence adoptée dans ce Royaume, dès qu'il est acquis que l'inféodation est postérieure au Concile, les Laïcs perdent leurs dixmes. Mais on ne peut pas inférer de-là, que tous soient en danger de les perdre ; par la même raison la prétention du Supliant ne va pas à anéantir tous les arrieres-Fiefs de la Province, mais seulement ceux que les Seigneurs particuliers ont établis depuis que l'Ordonnance de 1209. le leur a défendu.

Le Sieur Marquis d'Antigny ne se plaint pas seulement de la Sentence du 24. Janvier 1733. en ce qu'elle a déclaré Sivry de la mouvance du Roi ; mais encore en ce qu'elle n'a pas prononcé la commise à son profit ; il faut donc le convaincre que quand même le Supliant l'auroit mal désavoüé pour se reconnoître Vassal du Roi, il n'y auroit pas eu lieu à la confiscation du Fief.

Raisons contre la Commise.

En demandant la commise, parce que le Supliant soutient que Sivry est dans la mouvance du Roi, le Sieur Marquis d'Antigny confond sans aucune difference les droits de Sa Majesté avec ceux des simples Vassaux, & semble vouloir égaler l'autorité particuliere des Seigneurs de Fief à l'autorité du Roi, qui est la source de toutes celles qu'ont les Seigneurs dans son Royaume.

Si une pareille demande étoit fondée ou tolerée, elle anéantiroit les mouvances de la Couronne ; les Sujets du Roi ne pouroient plus avoir recours à son autorité, ni implorer sa justice, sans risquer de perdre leurs Terres.

Dès qu'un Seigneur de Fief auroit eû l'adresse & le crédit de faire un traité captieux, une rétention de mouvance injuste, ou de faire donner à son gré des explications à des actes précédens qu'il auroit faits ; dès que contre la disposition des Loix & du Droit commun du Royaume, il auroit surpris quelques reconnoissances & reprises de Fief, jamais les Vassaux du Roi ne pouroient revenir impunément contre l'erreur ou la surprise : retenus par la crainte de perdre leur Fief, ils n'oseroient entreprendre d'instruire les Juges de l'atentat de ceux qui auroient voulu priver le Roi de ses mouvances.

Aussi nôtre Jurisprudence, pour prévenir des inconvéniens si contraires aux droits de la Couronne & de l'Etat, met-elle les Vassaux à l'abri de la commise, quelque évenement que puissent avoir leurs prétentions, quand ils reconnoissent le Roi pour leur Seigneur immédiat.

De l'aveu du Sieur Marquis d'Antigny, la Coutume de Meaux, article 154. en contient une disposition précise, puisqu'elle dit que celui qui veut reconnoître le Roi pour son Seigneur n'encourt point de commise, parce qu'il est vrai de dire qu'il tient de lui médiatement ou immédiatement.

Et c'est en effet sur ce grand principe qu'est fondé le sentiment universel de nos Auteurs François, & les décisions de plusieurs Arrêts qui ont jugé que quand le Vassal qui a avoüé le Roi pour Seigneur, perdroit son Procès, il n'encureroit pas la commise.

Le Sieur Marquis d'Antigny n'a pas dû prétendre que cette maxime ne reçoit son aplication que dans le cas où le Vassal n'est pas instruit, fous prétexte que Brodeau fur l'article 43. de la Coutume de Paris l'a penfé ainfi ; car la Coutume de Meaux parle indéfiniment , & quand elle ne s'expliqueroit que conditionellement fur le point dont il s'agit, la prétention du S.eur Marquis d'Antigny n'en feroit pas meilleure , puifque, par les raifons & les autoritez qu'on a déja raportées, il eft démontré, que bien loin que le Défenfeur foit inftruit de la prétenduë mouivance d'Antigny, il eft clair comme la lumiere, que Sivry & ce qu'en dépend eft dans la mouvance du Roi.

D'ailleurs , les autoritez que Brodeau raporte pour apuyer fon fentiment font contraires à celui qu'on lui attribuë.

A la verité , il dit au nombre 16. de l'endroit cité , *que le défaveu n'emporte point la commife de Fief, quand le Vaffal foutient fans fraude & fans efprit de calomnie fon Fief être tenu & être mouvant du Roi, qui eft la vive fource de la féodalité, & l'origine de tous les Fiefs de fon Royaume ;* & ajoute que fi la Partie publique abandonne la mouvance, & que nonobftant fa déclaration, le Vaffal perfévere dans fon opiniâtreté de ne pas vouloir reconnoître fon vrai Seigneur, il encourt la commife.

D'où l'on peut conclure, que pour être dans le cas dont parle Brodeau, il faudroit qu'il y eût de la fraude & de la calomnie de la part du Supliant, & que Meffieurs les Gens du Roi euffent été contraires à fa prétention. Mais qui peut l'acufer d'être coupable de fraude ou de calomnie, puifque fon aveu eft fondé fur la difpofition textuelle des Ordonnances & de la Coutume ? Qui peut croire que Mr. le Procureur Géneral blâmera fon défaveu dans le tems que fon Subftitut a réclamé pour le Roi la mouvance dont il s'agit, à grande connoiffance de Caufe ?

Mais ce qui fait voir que les modifications de Brodeau, font mal imaginées, ce font les termes de Boërius qu'il raporte, avec un Arrêt du 21. Août 1649. Voici en effet le Texte de Boërius *in Confuet Bitur. tit. 4. de feudis, §. 11. & 13.* raporté par Brodeau : *nota quod fi Vaffallus advouhet Regem Franciæ in Dominum, licet non fit, non perdit feudum de confuetudine ; fecùs, fi alium Dominum, negando fuum verum Dominum.*

Au même endroit Brodeau fait ainfi l'efpece de l'Arrêt de 1649. par lequel *fur la commife requife par Meffire Charles Defeoubleau Marquis de Sourdis , de la portion de la Terre & Seigneurie de Courtabœuf, dont la mouvance lui eft ajugée , à caufe de la Terre de Magny-leffart , pour le défaveu de Réné Parrain Seigneur des Coûtures. qui avoit foutenu au Procès lad. Terre être mouvante entiérement & pour le tout du Roi, à caufe du Comté de Montlhery dépendant de l'apanage de Mr. le Duc d'Orléans ; les Parties ont été mifes hors de Cour & de Procès , nonobftant que l'on foutint qu'il y eût grande différence entre avoüer la mouvance du Roi & celle d'un Fils de France apanagé, le premier regardant le Roi immédiatement , le fecond le Roi , un moyen entre deux qui éloigne la mouvance d'un degré, & que Mr. le Duc d'Orléans avant donné les mains , Parrain eût perfifté en fon défaveu.*

Cet Arrêt raporté par Brodeau, & au Journal des Audiences, tome premier, livre 5. chapitre 47. eft bien contraire à la maxime qu'on lui impute, & qu'il a peut-être avancée fans beaucoup d'atention, puifque les autoritez qu'il employe, loin de la foutenir, la détruifent : l'arriere-Vaffal dans l'efpece de l'Arrêt prétendoit qu'il n'étoit Vaffal que du Roi : Mr. le Duc d'Orléans apanagifte, qui avoit le principal interêt à

T

la conteſtation, y avoit donné les mains ; nonobſtant ce département le Vaſſal continua à déſavoüer le Marquis de Sourdis, & à ſoutenir que le Roi étoit ſon Seigneur immédiat ; dans ces circonſtances l'Arrêt mit les Parties hors de Cour.

Il n'eſt donc pas véritable, que quand celui qui doit défendre les intérêts du Roi, abandonne la mouvance, & que le Vaſſal perſévere à ſoutenir qu'il en reléve immédiatement, la commiſe ſoit encouruë, ſelon Brodeau, qui raporte lui-même la preuve du contraire.

Mais quand Brodeau, qui s'eſt mal expliqué, ſeroit du ſentiment que le Sieur Marquis d'Antigny lui atribue, un avis auſſi ſingulier ne l'emporteroit pas contre le torrent.

On avoüe que Ferronius, ſur la Coutume de Bourdeaux, a dit qu'il ne voit point par quelle raiſon on donne la préference au Roi ſur les autres Seigneurs, & pourquoi la commiſe n'a pas lieu lorſque le Vaſſal a déclaré ſon Fief mouvant du Roi, ne l'étant point ; mais il auroit dû connoître l'extrême différence qui eſt entre le Roi & les autres Seigneurs : il n'y a qu'à lire la Coutume de Meaux en l'article cité, ou à ouvrir nos livres, pour voir que tous les Fiefs du Royaume relevent du Roi médiatement ou immédiatement, & pour conclure que celui qui prétend en relever immédiatement, ne fait pas injure à un Seigneur particulier, quand il ſe ſeroit trompé dans ſa prétention.

Mr. Salvaing dans ſon Traité de l'uſage des Fiefs, chap. 9. qui a pour titre : *que le Vaſſal qui avoüe le Roi au préjudice de ſon Seigneur immédiat, ne commet ſon Fief* : dit que ce ſentiment ne plait pas à Ferron, mais qu'il eſt d'uſage en Dauphiné & dans la pratique générale de France.

Expliquant dans le même chapitre la maxime, *qui Fief nie Fief perd ;* il ſoutient qu'elle ne doit être entenduë que de celui „ qui déſavoüe ſon
„ véritable Seigneur, & en avoüe un autre que le Roi, parce que c'eſt
„ une prérogative acordée aux Vaſſaux qui ſe diſent tenir du Roi, de
„ n'encourir pas le commis vers leur véritable Seigneur, ſuivant la pra-
„ tique ancienne de France, atteſtée par Mazuer, titre des Fiefs, par le
„ grand Coutumier, liv. 2. tit. *des delus*, en ces termes : *le Vaſſal qui*
„ *avoüe notre Sire le Roi pour ſon Seigneur, ſupoſé qu'il ne le ſoit pas, ne*
„ *perd ſon Fief pour cela :* par Boërius ſur l'ancienne Coutume de Bour-
„ ges, tit. 4. des Fiefs : par Tullus ſur la Coutume de Chartres, tit. de
„ ſouffrance, art. 43. par Chopin ſur celle d'Anjou, liv. 1. art. 6. par
„ de l'Hommeau en ſes Maximes du Droit François, liv. 2. chap. 9.
„ dont un ancien Auteur de Pratique raporte un Arrêt du Parlement de
„ Paris. . . . . Il a été de même jugé par autre Arrêt. . . . . La rai-
„ ſon eſt que le Roi étant la ſource de tous les Fiefs, celui qui veut le
„ reconnoître pour Seigneur, ne fait rien qui puiſſe être pris pour déſa-
„ veu, puiſqu'il tient de Sa Majeſté médiatement ou immédiatement.

L'Autorité de Ferronius eſt bien écartée par ces obſervations.

Mr. le Marquis d'Antigny a apellé à ſon ſecours un grand nombre de Coutumes, qui ne diſent rien ſur la difficulté, & qui établiſſent ſeulement la maxime générale, *qui Fief nie Fief perd*, qu'on n'a jamais été tenté de conteſter ; mais ces Coutumes ne diſent rien contre cette exception à la regle, que quand c'eſt le Roi que l'on avoüe, on n'eſt pas ſujet à la commiſe, parce que celui qui reconnoit le Roi pour Seigneur, ne fait pas injure à un autre, à qui il préfere Sa Majeſté.

Ce n'est pas assez d'avoir répondu aux moyens employez par le Sieur Marquis d'Antigny dans sa Requête du 26. Juillet 1730. il faut présentement lui établir par un petit nombre d'autoritez qu'on a choisies parmi une infinité d'autres, que le point contesté n'est pas problématique.

Du Moulin dans son *Stilus antiquus Parlamenti*, chap. 28. nomb. 14. raporte ces termes „ Item ubi Vassallus alicujus intrat in fidem & homa-„ gium Regis pro feudo, quod ab ipso ut à Domino se tenere dicebat, „ licet posteà pronuncietur in Parlamento ipsum redire ad fidem & homa-„ gium Domini sui immediati, non propter hoc poterit eum Dominus in-„ sequi ad finem quòd dicto feudo privari debeat; nec aliquod jus est ei-„ dem Domino acquisitum, nec Vassallo præjudicium generatum. Ita dic-„ tum fuit per Arrestum Curiæ, per os Domini Joannis de Sercomonte „ primi Præsid. ann. 1326. Pro Carolo de Chambona contra Comitis-„ sam de Rosello.

Ce n'est donc pas d'aujourd'hui qu'on juge que celui qui s'est avoüé Vassal du Roi, ne tombe jamais dans le cas de la commise, quand bien même il seroit déclaré par Arrêt être dans la mouvance d'un autre Seigneur : cela a été précisément décidé par l'Arrêt de 1326. *Licet posteà pro-nuncietur in Parlamento, ipsum redire ad fidem & homagium Domini sui im-mediati, non propter hoc poterit eum Dominus insequi ad finem quòd dicto feudo privari debeat. . . . Ita dictum fuit per Arrestum.*

Tronçon, sur la Coutume de Paris, art. 73. tit. 1. p. 94. verbo, *qui dénie*, dit „ Et quant aux personnes séculieres qui possedent Fief, quand „ ils dénient leur Seigneur duquel ils sont Vassaux, par les droits des „ feudes coutumiers, ils confisquent leur Fief; il faut excepter le Vassal „ qui réclame le Roi pour son Seigneur, soutient son Fief être tenu „ de lui; & ne confisque son Fief, *etiam*, quoique le Roi ne justifiât „ être le vrai Seigneur.

Frontin & Ricard sur le même article, après avoir raporté l'avis de du Moulin, disent „ Qu'il y a deux cas où par le désaveu l'on confis-„ que, ou l'on ne confisque pas le Fief; mais (ajoutent-ils) en l'un & „ l'autre de ces cas, nous tenons pour maxime constante, qu'il n'y a „ pas de commise lorsque le Vassal reconnoit le Roi pour son Seigneur.

Dupineau sur Anjou, édit. de 1725. tom. 1. part. 5. art. 186. s'expli-que ainsi : „ En cas de contestation & débat de fief entre deux Seigneurs, „ deux points entre les autres sont fort notables : le premier, que le Vassal „ qui s'est avoüé du Roi, & qui est vendiqué par son Seigneur, ne perd „ jamais son Fief ou Domaine, & n'y a lieu de commise ou confiscation, „ encore que ledit Seigneur obtienne gain de cause contre le Roi.

Chopin sur la même Coutume liv. 1. p. 87. de l'édition. Françoise de 1663. dit : „ D'avantage, il est accordé spécialement aux Vassaux qui se „ disent tenir du Roi, de n'être point condamnez en l'amende, ou encou-„ rir commise de leurs Fiefs vers leur véritable Seigneur... Masuer le dit „ expréssement en l'art. *item le Vassal tit. des Fief* : le Vassal qui avoüe Nôtre „ Sire le Roi pour son Seigneur, suposé qu'il ne le soit pas, ne perd son „ Fief pour cela; mais ce n'est pas de même s'il avoüe un autre Seigneur.

Le même Chopin sur la Coutume de Paris, liv. 1. tit. 2. n. 28. „ s'exprime ainsi; „ Droit singulier & belle prérogative qui compete aux „ vassaux de la Couronne par la Coutume des Fiefs; qui est celle que

le Vaſſal avoüant le Roi à Seigneur , encore qu'il n'intervienne & ne
,, prenne la cauſe pour le Vaſſal, il ne tombe en commiſe du Fief ;
,, ce qui eſt autrement de celui qui avoue un autre Seigneur.

A plus forte raiſon , cela a - t - il lieu dans le cas particulier où le
Roi eſt intervenu ?

Poquet de la Livonniere dans ſon Traité des Fiefs , imprimé en
1729. page 128. §. 5. tient. ,, Que celui qui déſavoüe ſon Seigneur ,
,, déclarant relever du Roi, n'eſt point ſujet à la commiſe, parce que le
,, Roi eſt la vive ſource de toute féodalité ; ce qui a même été étendu au
,, cas où le Vaſſal ſoutient relever de la Couronne, en ce qui en avoit été
,, donné en apanage aux Enfans de France.

Dupleſſis ſur la Coutume de Paris , titre des Fiefs , liv. 6, n. 5.
dit : ,, Quand dans le deſaveu le Vaſſal s'avoüe tenir du Roi , il n'y
,, a point de lieu à la commiſe, parce qu'il n'a point fait d'injure à ſon
,, Seigneur.

Auzanet dans ſes notes ſur la même Coutume article 43. après avoir
dit que le Vaſſal qui dénie le Fief être tenu du Seigneur féodal, dont
il eſt tenu en effet, le confiſque, ajoute ; ,, Que ſi le Vaſſal qui déſa-
,, voüe, maintient que ſon Fief eſt de la mouvance du Roi, & eſt
,, vendiqué par ſes Officiers, il n'y a lieu à la commiſe , encore que par
,, l'évenement la mouvance ſoit ajugée au Seigneur qui a été déſavoüé.

Le grand Coutumier , liv. 2. tit 28. des Fiefs , & tit. 47. des délits ;
art. 25. *ſi Vaſſallus advocat Dominum Regem , ſuppoſito quod non ſit Do-*
minus , propter hoc non perdit ſeudum ; ſecùs , ſi alium Dominum ad-
vocaret.

Mr. Billecoq dans ſon livre des principes des Fiefs , imprimé en
1729. p. 359. propoſe la queſtion dont il s'agit, & répond que la
commiſe n'a pas lieu ,, lorſque le Vaſſal ſoutient que ſon Fief releve
,, du Roi, parce que ce n'eſt pas une injure que le Vaſſal fait à ſon
,, Seigneur de lui préférer le Roi.

Mr. de Laiſtre dans ſon Commentaire ſur la Coutume de Chaumont,
imprimé en 1723. s'explique ainſi ,, il y a deux exceptions à cette rè-
,, gle du déſaveu : la premiere, quand le Vaſſal ſoutient que ſon Fief
,, eſt dans la mouvance du Roi, il ne le perd point par le déſaveu
,, qu'il fait de ſon Seigneur, la raiſon eſt qu'il n'y a point de Fief en
,, France qui ne relève médiatement ou immédiatement du Roi ; qu'il
,, eſt le Souverain Fieſeux du Royaume, dit la Coutume de Meaux.
,, D'ailleurs, il ne fait point d'injure à ſon Seigneur en préférant le Roi
à lui : jugé par Arrêt &c.

L'Hommeau dans ſes Maximes du Droit François, page 64. de l'édition de 1645. dit ,, Que le Vaſſal qui déſavoüe ſon Seigneur, le con-
,, temne & mépriſe, & contrevient à la condition ſous laquelle le Fief
,, lui a été concédé, qui eſt de reconnoître & avoüer ſon Seigneur ; tou-
,, tefois ſi le Vaſſal maintient tenir ſon Fief du Roi, il ne perd ſon Fief
,, pour avoir déſavoüé ſon Seigneur qui prouve qu'il tient de lui : la rai-
,, ſon eſt que tous les Fiefs relevent du Roi en plein Fief ou arriere-Fief ;
,, par conſéquent celui qui maintient tenir du Roi, ne fait déclaration
,, calomnieuſe, puiſqu'il tient dudit Seigneur médiatement ou immédiate-
,, ment : autre choſe eſt ſi le Vaſſal reconnoit un autre Seigneur que le
,, ſien, hormis le Roi ; car ſi le Seigneur qu'il a déſavoüé, en reconnoiſ-
,, ſant un autre, gagne ſa Cauſe, le Vaſſal perd ſon Fief.

Lapeirere, let. F, décif. 43. avec les Auteurs qu'il cite, exprime ainfi fon fentiment „ Vaffal qui s'avoüe tenir du Roi, & dénie le Seigneur, „ ne perd point le Fief.

Delpeiffes, des droits Seigneuriaux, tit. 3. art. 5. page 26 du tome 3. s'explique en ces termes „ le Vaffal n'eft pas privé de fon Fief, pour „ avoir defavoüé le Seigneur, s'il a foutenu le tenir du Roi, parce que „ tous les Fiefs relevans du Roi en plein Fief ou arriere-Fief, celui qui „ maintient tenir du Roi, ne fait pas une déclaration calomnieufe, puif- „ qu'il tient dudit Seigneur médiatement ou immédiatement; & par mê- „ me raifon celui qui fait hommage au Roi du Fief relevant d'un au- „ tre Seigneur, n'en eft pas privé.

Enfin l'Auteur de la Pratique civile imprimée en 1712. p. 169. ch. 7. des Fiefs „ dit que la commife ne peut avoir lieu, fi le Vaffal fe „ dit mouvant du Roi.

On voit par ces autoritez, que les Coutumes & les Arrêts, les Auteurs du Pays Coûtumier, & du Pays de Droit écrit, les Jurifconfultes & les Praticiens, tous s'acordent & difent qu'en avoüant le Roi pour fon Seigneur, on ne s'expofe jamais à la commife; ce qui eft vrai fans exception, car fi un Vaffal qui reconnoit le Roi pour fon Seigneur immédiat, confifquoit fon Fief, lorfqu'on peut le foupçonner de n'être pas de bonne foi, il n'y en a pas un qui ne courût ce rifque, parce que quiconque plaide peut perdre fon procès

Et fi le Vaffal le perd, le Seigneur particulier fera toûjours en droit de dire qu'il y avoit de la fraude de fa part, que c'eft malicieufement & par opiniatreté qu'il a foutenu une mauvaife caufe, puifqu'il l'a per- duë; alors la maxime, que qui s'avoüe tenir du Roi, & dénie le Sei- gneur, ne perd point fon Fief quand il perdroit fa caufe, ne fe véri- fiera en aucun cas, car ou le Vaffal gagnera, ou perdra fon procès; s'il gagne, ce n'eft pas le cas de la maxime; s'il perd, ce ne l'eft pas encore, puifqu'on lui dira que fans raifon, & par efprit d'injure, il a foutenu un mauvais procès.

Quand la maxime que l'on vient d'établir, ne feroit pas certaine par tant d'autoritez, & par un grand nombre d'autres qu'on auroit pû ci- ter, le Supliant n'en feroit pas en plus mauvaife fituation, puifqu'il a démontré que Sivry eft dans la mouvance du Roi: de dire, come fait le Sieur Marquis d'Antigny, que fa Partie n'a nul intérêt à relever du Roi, c'eft parler fans vouloir être cru; quoi un homme qui, depuis un tems confiderable, tant par lui que par fon auteur, prie le Sieur Marquis d'Antigny pere de lui remettre les Terriers, titres & enfeigne- mens de la Terre de Sivry, pour être en état de faire les devoirs de Fief, & de donner fon dénombrement à qui il apartiendra; au lieu de recevoir ou cette juftice, ou cette grace, voit faifir les fruits de fa Terre par le Sieur Marquis d'Antigny fils, & l'on lui dit froidement, que dans cette fituation, il n'a aucun intérêt de reconnoître le Roi pour fon Seigneur dominant, comme fi ce n'étoit pas là un moyen fûr de fe faire rendre juftice, & d'obtenir mainlevée des chofes faifies? car s'il eft prouvé, comme le Supliant n'en doute pas, que Sivry eft dans la mouvance du Roi, un Seigneur particulier qui a ufé de mainmife fur cette Terre, a mal procedé fans doute, & fa faifie doit être décla- rée nulle.

V

Une autre raison d'interêt étoit la saisie féodale que le Supliant avoit à craindre de la part de Messieurs les Gens du Roi.

Mais est-il toujours nécessaire que nôtre interêt propre & particulier nous fasse agir ? l'obéïssance que nous devons aux Ordonnances, le bien public, celui de la Couronne & de l'Etat, n'est-il pas un motif assez puissant pour faire agir les Sujets du Roi qui ont l'honneur d'être les Officiers & ses Vassaux.

Comment le Sieur Marquis d'Antigny, qui a l'une & l'autre de ces qualitez, a-t-il pû feindre d'ignorer ces principes ? Le reproche qu'il a fait au Supliant d'être en demeure de reprendre du Roi seroit mieux en sa place, s'il étoit fondé ; mais le Supliant étoit dans l'impossibilité de remplir ses devoirs, n'étant pas instruit, & les titres de sa Terre n'étant pas en son pouvoir.

Dès que la Sentence dont est apel a été renduë, il a fait foi & hommage au Roi, avec soumission de donner son dénombrement, aussi-tôt qu'en exécution de cette Sentence, les Terriers, titres & enseignemens de Sivry lui seront rendus, c'est tout ce qui dépend de lui ; au moyen de quoi il espere que la Cour trouvera qu'il n'est pas en demeure, & qu'il a rempli les devoirs de Fief, autant qu'il a été possible.

Remise des Titres, Papiers, Terriers & autres enseignemens de Sivry.

La Sentence dont est apel ordonne que le Sieur Marquis d'Antigny remettra ces piéces au Supliant, ou souffrira qu'il en fasse tirer des extraits, ou affirmera qu'il ne les a pas.

S'il les a, il est juste qu'il les remette ; ayant vendu la Terre & Seigneurie, les titres ne lui en apartiennent plus ; s'il ne les a pas, il en est quite en l'affirmant, la Sentence le fait Juge de sa Cause.

Mais il y a des preuves au procès que ces piéces sont en son pouvoir.

Le contrat de vente qu'il fit à Brouhot en 1589. ne porte point qu'il ait remis aucuns Terriers, titres, ni papiers à cet acheteur : les écritures que fit l'Avocat Chanus en 1619. pour le Procureur d'Office d'Antigny, & qui sont produites sous la cote 44. de la Partie averse, prouvent que cet Avocat, & par conséquent le Procureur d'Office, avoient sous les yeux les anciens Terriers d'Antigny, & ceux de la Seigneurie de Sivry : les Terriers de Sivry étoient donc trente ans après l'aquisition de Brouhot au pouvoir du Seigneur d'Antigny : delà il suit qu'ils y sont encore ; car le Sieur Marquis d'Antigny n'a jamais prétendu que lui ni ses auteurs les ayent rendus depuis 1619.

Les titres qui sont les plus importans ne sont pas les seuls qui soient restez au Sieur Marquis d'Antigny, ou à ses auteurs ; il y a preuve au procès qu'il a encore d'autres piéces concernant l'aquisition de Brouhot de 1589.

En effet depuis qu'on a demandé au Sieur Marquis d'Antigny les titres & enseignemens de la Terre de Sivry, il a produit sous cote 40. la quitance de Pierre de la Boissiere, donnée à Jacques Arbaleste, d'une somme qui lui avoit été payée pour la moitié de la Terre & Seigneurie de Sivry qui avoit été venduë au Sieur Arbaleste le 23. Fevrier 1498. il a produit aussi sous cote 41. le contrat d'aquisition que fit un de ſes auteurs de cette moitié de Terre le 25. Mai 1589. il prétend que c'eſt cette même moitié qui fur vendüe à Brouhot par ce même auteur le 7. Septembre 1589.

Etant prouvé qu'il a ces piéces, puiſque poſtérieurement à la demande il les a produites, il eſt tout naturel de préſumer qu'il a les autres qui concernent Sivry ; en faut-il d'avantage pour l'obliger, ou à les rendre, ou à jurer ? *manifeſtæ turpitudinis eſt nolle jurare.*

Retranchement fait au dénombrement des articles concernant Sivry.

Dès que la Sentence a jugé que Sivry eſt dans la mouvance du Roi, elle a dû par une conſéquence néceſſaire retrancher du dénombrement les trois articles, par leſquels il y eſt fait mention de cette Terre.

APEL DU SUPLIANT.

Premier Grief.

LE Supliant avoit conclu par Requête du 14. Juillet 1737. à la radiation des termes injurieux inſerez dans les écrits du Sieur Marquis d'Antigny, & ſingulierement dans ſa Requête du 14. Juillet 1732. la Sentence dont eſt apel n'a point fait droit ſur ces concluſions, elle lui fait donc grief.

Pour en peſuader la Cour, il a l'honneur de lui obſerver qu'il a eu une atention particuliere à ne rien dire dans tout le cours du Procès, qui dût fâcher le Sieur Marquis d'Antigny & que ce dernier au contraire l'a accablé d'injures dans tous ſes écrits où il l'a acuſé de ſupoſitions, d'être homme de mauvaiſe foi, de mauvaiſe humeur, & d'un eſprit proceſſif, d'avoir fait des propoſitions ridicules & impertinentes, à Madame la Marquiſe d'Antigny, d'opiniatreté inſolente, qui doit le faire regarder avec indignation, & condamner avec ſéverité.

Les écrits du Sieur Marquis d'Antigny ſont remplis à chaque page de termes durs, inſultans & de mépris que le Supliant ne croit pas s'être jamais atirez.

Il eſt vrai qu'il a eu le courage de ſoutenir une bonne Cauſe contre le crédit, mais cela prouve-t-il qu'il y ait de l'opiniatreté, de la mauvaiſe foi & de la mauvaiſe humeur de ſa part, ni qu'il ſoit agité d'un eſprit proceſſif ? y-a-t-il de l'inſolence à ſoutenir ſes interêts en Juſtice, ſur tout lorſqu'ils ſont unis avec ceux du Roi ? & ne ſçauroit-on ſe défendre légitimement ſans être inſolent, impertinent, ou agité de l'eſprit de chicanne.

La Cour qui a ſous ſes yeux les lettres que le Supliant a eu l'honneur d'écrire à Madame d'Antigny ; n'y remarquera pas les prétendües propoſitions ridicules & impertinentes, ni qu'il s'y ſoit écarté de la politeſſe & des égards qui ſont dûs à une perſonne de ſa qualité.

Quand le Supliant auroit ſoutenu une Cauſe qui pouroit avoir ſes doutes, la croyant bonne ; auroit-on raiſon de le taxer d'opiniâtreté & d'inſolence ?

Mais quelle idée la Cour aura-t-elle de ces expressions offensantes, lorsqu'elle verra que la Cause du Supliant ne souffre point de difficulté ? & qu'elle est fondée sur la disposition expresse des Ordonnances, & du Statut municipal, sur l'autorité des Arrêts, & le sentiment unanime des Auteurs.

Celui qui a fait écrire ces injures gratuites & si atroces, est un homme de distinction, obligé par sa naissance à parler plus poliment & avec plus de modération qu'un autre.

Celui contre qui on les a écrites, a l'honneur d'être Lieutenant Civil, & premier Officier d'un Bailliage ; c'est le Juge naturel de toute la Noblesse qui a sa demeure dans l'étenduë de sa Jurisdiction, en un mot c'est un Juge revêtu de l'Autorité Royale, qui en cette qualité mérite quelques égards ; on le traite cependant d'insolent dans des actes qu'on lui a signifiez, & qui sont sous les yeux de la Cour ; quelle opinion auroit-elle de lui, s'il paroissoit insensible à cet outrage & à tant d'autres, dont les écrits du Sieur Marquis d'Antigny sont parsemez ?

Lorsque le Supliant a été forcé de se plaindre de tant d'insultes, le Sieur Marquis d'Antigny, au lieu de convenir qu'il avoit tort, les a agravées par des écrits posterieurs, a tourné en ridicule la demande en réparation, & a porté si loin l'idée de droit qu'il a, d'offenser impunément ceux qui osent le contredire, qu'il a demandé 1000. l. de dommages interêts contre le Supliant pour s'être plaint de ses insultes.

Le Supliant n'a cependant rien fait ni dit dans tout le cours de ce procès qui ait pû lui atirer de pareilles injures ; il ne s'est pas payé par ses mains ; au contraire il a usé de tous les ménagemens possibles ; il a donc lieu d'esperer que la Cour, en réformant la Sentence pour ce chef, lui acordera la satisfaction qui lui est dûe.

Second Grief.

Le Supliant avoit demandé des dommages interêts résultans de la saisie ; les Parties ont été mises hors de Cour sur ce chef.

Troisiéme Grief.

La Sentence a compensé un tiers des dépens.

Pour établir ces deux derniers griefs, le Supliant a l'honneur d'observer à la Cour que la saisie a mal procedé, tant dans la forme qu'au fond, & qu'ainsi toutes les demandes qu'il avoit formées, devoient lui être ajugées avec dépens.

En vain le Sieur Marquis d'Antigny voudroit-il faire valoir la bonne foi où il étoit à cause de sa possession ; ni ses auteurs, ni lui-même n'ont jamais pû alleguer ce moyen ; si Brohot & ses successeurs ont fait des fautes en reprenant de Fief de la Baronie d'Antigny, ces fautes ne sont imputables qu'aux auteurs du Sieur Marquis d'Antigny.

En effet l'article 181. de l'Ordonnance de 1539. *défend à tous contractans en matiere d'héritages, de ne faire sciemment aucune faute sur le raport ou déclaration des tenures feodales ou censuelles, qui seront aposées en leurs contrats, sur peine de privation de tout l'émolument desdits contrats ; &*

l'article précédent enjoint de déclarer dans les contrats en quel Fief ou censive sont les choses cédées & transportées.

Mr. Bourdin, sur ces deux articles, dit qu'ils sont faits pour punir la fraude des vendeurs, qui cherchent à faire perdre les droits au vrai Seigneur.

L'article 180. de l'Ordonnance de Blois, décide encore que dans les contrats de vente & autres, il doit être *déclaré par exprès, en quel Fief ou censive sont les choses cédées.*

Les dispositions de ces Ordonnances sont renouvellées par celles du mois de Décembre 1540. Mai 1579. & Janvier 1619. & par les Arrêts du Conseil du 26. Avril 1712. & 29. Août 1722.

On ne fera pas voir que les prédécesseurs du Sieur Marquis d'Antigny ayent déclaré, dans les actes d'aliénation de Sivry, de quel Fief les portions aliénées relevoient : il n'en est pas dit un mot, par exemple, dans le contrat de vente de 1589. c'est donc à eux qu'il faut s'en prendre, si les acquereurs par erreur ou par la force du crédit & de la séduction, ont fait foi & hommage à leur Baronie d'Antigny, tandis qu'il est prouvé au Procès que ce devoir féodal devoit être fait au Roi seul. Les auteurs du Sieur Marquis d'Antigny ne pouvoient l'ignorer, lorsque par l'acte du 19. Avril 1619. sous de frivoles prétextes, ils voulurent s'aproprier la mouvance de Sivry, & forcerent les misérables enfans de Brouhot dont quelques-uns étoient réduits au service, & les autres presque à la mandicité, de déclarer que leur Seigneurie de Sivry devoit relever d'Antigny, & par le même acte avant qu'ils fussent hors du Château & Maison-Forte d'Antigny, crainte qu'étant dehors, ils ne reprissent leur liberté ; on les contraignit à prêter sur le champ leur foi & hommage en présence & par les inductions de témoins plus que suspects.

C'est de cette source empoisonnée par l'illusion & la terreur panique que sont sorties les reprises de Fief postérieures qu'on a reçû au préjudice du serment de fidélité fait au Roi, & dont on ose se prévaloir contre les droits sacrez de la Couronne.

L'illusion est démontrée par les raisons qui prouvent que Sivry relève immédiatement du Roi; la crainte vaine, par le lieu, le tems, les circonstances, les personnes qui transigérent, les Ministres qu'on employa à cet ouvrage, & l'effroi de la commise dont on menaçoit des gens sans force & sans apui crainte vaine & sans fondement, car si les héritiers Brouhot eussent été en état de résister aux Baron d'Antigny, il leur eur été facile de faire voir qu'ils étoient dans une situation où la commise ne pouvoit avoir lieu, puisque leur pere avoit acheté la Seigneurie de Sivry du Baron même d'Antigny.

En effet, du Moulin sur l'article 43. de la Coutume de Paris, n. 1. dit que la commise qui n'est autre chose que la révocation de la concession du Fief, qui de droit le fait retourner à celui qui l'avoit gratuitement concédé, n'a lieu que lorsqu'elle a pour fondement l'ingratitude du Vassal, *omnis causa feudi amittendi fundatur in ingratitudine clientis.*

Or entre le vendeur & l'acheteur d'un Fief ou autre chose commerçable, il ne peut jamais y avoir d'ingratitude, l'un remet la chose venduë l'autre lui en paye le prix, au moyen de quoi ils ne se doivent plus rien, par conséquent il ne sçauroit y avoir d'ingratitude de l'un envers l'autre.

Le même Auteur au nombre 160. de l'article cité, demande si le

Vassal est tenu de fournir les aliments au Seigneur dont il reléve lorsqu'il est tombé dans l'indigence, & au cas qu'il ne satisfasse point à son obligation s'il commet son Fief, *utrum Vassallus teneatur alere Patronum inopem & ex defectu præstandi alimenta privetur feudo?* & il répond avec cette distinction : que lorsque le Vassal tient le Fief par concession gratuite du Seigneur, il est obligé de le nourrir, *secus* s'il a acheté le Fief de lui.

D'où vient cette difference ? C'est que dans le premier cas il y a de l'ingratitude de la part du Vassal, & dans le second où il a aquis le Fief à prix d'argent il n'y en a point. Au premier cas, dit-il, il faut raisonner comme en matiere de donation, où l'ingratitude du Donataire opere la révocation : mais en cas de vente où le Vendeur s'est liberé de toutes obligations en payant le prix, l'ingratitude ne sçauroit trouver place ni par conséquent la commise. *Si enim sit primus Patronus author feudi, qui liberaliter & gratis prædia propria in feudum concesserit, puto absque dubio idem observandum quod in donatore secundum prædicta : secus si accepto pretio ad onera feudalia rem concesserit, & sic nullam fere liberalitatem exercuit.*

L'on est ici encore en de plus forts termes, car du Moulin supose que le vendeur s'étoit réservé les devoirs du Fief, *secus si accepto pretio ad onera feudalia rem concesserit*, & néanmoins parce que le Seigneur n'a pas concédé gratuitement le Fief, mais qu'il en a reçû le prix, l'Auteur décide qu'il n'y a pas lieu à l'ingratitude, par conséquent le fondement de la commise manque, non-seulement le Baron d'Antigny a reçû le prix de Sivry, mais il l'a vendu purement & simplement, sans aucune réserve de mouvance : en quoi donc le Supliant qui ne lui a rien promis, & de qui il n'a rien exigé que le prix de la vente, lui a-t-il manqué ? Et comment seroit-il devenu ingrat, s'il ne lui devoit rien ?

Pocquet de Livoniere qui déplait si fort à la Dame Marquise d'Antigny, parce qu'il est contrariant, dit dans son Traité des Fiefs page 120. sur la fin, en parlant de la commise, que *cette peine est conforme à l'ancien usage des Fiefs, & peut-être fondée sur les textes de droit qui permettent de révoquer une donation pour cause d'ingratitude.*

Le Supliant pouroit citer plusieurs autres Auteurs, s'il ne craignoit de fatiguer la Cour par des citations dont le nombre n'est déja peut-être que trop grand : mais l'autorité de Loiseau, chap. 3. des off. n. 47. est si claire & si précise sur ce point qu'il n'est pas possible de se dispenser de la transcrire, voici ses termes. *Le Fief est apellé Beneficium ; voire que tous les anciens Docteurs sont d'acord, qu'aparoissant que le Fief est constitué par vente, il n'est point sujet à commise par félonie, comme du Moulin raporte sur le 30. art. de la Cout. n. 99.*

Si le Fief vendu n'est point sujet à commise par félonie, à plus fort raison pour défaveu, ce moyen qui étoit victorieux pour les héritiers Brouhot contre la commise dont on les effrayoit, ne le seroit pas moins pour le Supliant, quand même son défaveu seroit pur & simple, au lieu qu'il ne l'a formé que pour avoüer le Roi, ce qui est un second rempart contre la commise : il compte encore sur un troisiéme qui est le désinteressement de la Dame Marquise d'Antigny, car il ne sçauroit s'imaginer qu'elle veuille sérieusement obtenir par la voie odieuse de la commife une Terre dont elle a touché le prix, & avoir en même tems l'argent & la marchandife : lorfqu'elle a formé une demande fi contraire aux regles, ce n'a été aparemment que pour faire fentir au Supliant la *fuprême difference* qu'elle pétend qu'il y avoit entre le feu Sieur fon Epoux & lui, & non dans l'efpérance ni dans le deffein de réuffir.

Les Barons d'Antigny ont laiffé pendant plus d'un fiécle la prétenduë tranfaction de 1619. dans la pouffiere, jamais ils ne l'ont fait expedier; & ce n'eft que depuis ce procès que le Sieur Marquis d'Antigny s'en eft fait donner une copie collationnée, fans Partie préfente ni apellée : pourquoi avoir laiffé dans l'obfcurité un acte fi important s'il étoit légitime ? c'eft qu'ils le regardoient comme un honteux monument de leurs atentats aux droits du Roi, de leur contravention aux Ordonnances & à leur ferment de fidelité qu'ils avoient prêté comme vaffaux de Sa Majefté.

Le feu Sieur Marquis d'Antigny n'étoit pas moins inftruit qu'eux au tems de la faifie féodale qu'il a faite des fruits & revenus du Supliant.

Non feulement il fçavoit, & devoit fçavoir, que Sivry étoit dans la mouvance du Roi; mais le Supliant le lui avoit fait connoître, ainfi que cela eft prouvé par fes Lettres qui font produites; il lui avoit communiqué les Ordonnances de nos Rois, & lui avoit fait lecture, entr'autres de celle de Loüis XI. & du Texte de la Coutume ce qui lui avoit apris à n'en pas douter, que Sivry reléve en plein Fief de la Couronne; nonobftant cette connoiffance particuliere, & toutes les démarches qu'on avoit faites auprès de lui, il donna ordre qu'on fît la faifie dont il s'agit; il ne peut donc, fous prétexte d'ignorance éviter les dommages & interêts, ni les dépens aufquels il a donné lieu : les dommages interêts doivent être proportionnez à l'état, & aux emplois du Supliant, qui étant Receveur Particulier des Etats de Bourgogne, a befoin de la confiance publique que cette faifie peut avoir altéré; & les dépens font la peine des Plaideurs qui foutiennent témerairement de mauvaifes conteftations.

Quoique le Sieur Marquis d'Antigny fût parfaitement au fait, & qu'il eût eu le loifir de s'inftruire que Sivry eft indubitablement dans la mouvance du Roi, il tenta, comme on l'a vû dans la narration, de furprendre un Arrêt fur une demande à la Barre en évocation du principal, dans une matiere auffi importante que celle dont il s'agit, & fe donna le plaifir de faire effuyer au Supliant une condamnation de dépens de l'article d'apel d'un Apointement qu'il avoit fait rendre lui-même par défaut, & qui ne lui faifoit pas le moindre grief, puifqu'il ne jugeoit rien, & ordonnoit fimplement un mis fur le Bureau; on a contefté pendant deux ans fur la validité de fon Committimus, auquel il avoit donné trois dates, dont conftament deux étoient fauffes; au bout de tout ce tems, il en a produit une copie collationnée, & qui ne contient nullement aucun pouvoir ni en géneral ni en particulier de faifir aucun Fief.

Avant que de débuter par une procédure auffi violente que celle d'une faifie féodale, il étoit également de l'interêt, & l'on peut dire du devoir du Sieur Marquis d'Antigny, de s'éclaircir parfaitement de fon droit légitime, car tout Demandeur y eft obligé; & au cas qu'après la lecture des Ordonnances qu'on lui avoit communiquées, il lui fut refté quelques doutes, on n'avoit oblié ni prieres ni démarches pour le mettre dans la voie de les éclaircir & de les lever à l'amiable, non feulement afin d'éviter tout le malheur des conteflations judiciaires, afin de mettre la Terre du Supliant à l'abri des rifques que du vivant de fes prédécefleurs elle avoit couru ; mais encore (au cas que le Sieur Marquis d'Antigny fouhaitat toûjours que Sa Majefté lui acordat la mouvance de ce Fief à quoi le Supliant ne fe feroit pas alors opofé) afin que les médiateurs nommez puffent régler de quelle maniere l'on fe pourvoiroit pour obtenir cette grace, & en même tems reglaffent l'acte de la remife des Titres qui devoit être faire au Supliant.

Quoique l'on ne fut pas encore certain que le Sieur Marquis fut propriétaire du Marquifat d'Antigny, comme l'on ne doutoit point qu'il ne le dût être bien-tôt : l'on agiffoit avec lui fur ce pied là.

L'on étoit convenu à ce fujet d'un Magiftrat & d'un Avocat grands Jurifrifconfultes, dont le Sieur d'Antigny lui-même avoit fait le choix pour lever tous doutes & toutes difficultez à ce fujet : au lieu de prendre cette voie douce d'éclairciffemens réciproques, au lieu de s'affembler avec ces arbitres choifis, par raport à quoi le Supliant fit exprès & inutilement de longs & differens voyages à Dijon, pour y atendre le Sieur d'Antigny ; tout d'un coup & dans un tems où l'on devoit le moins s'y atendre, la foudre de la mainmife fondit fur les fruits & revenus de fa Terre de Sivry, & cela de la part d'un vendeur, dont les auteurs lui avoient aliéné tous les droits & chofes quelqconques qu'ils pouvoient avoir avant la vente dans toute l'étenduë de cette Terre ; ce qui, outre les autres moyens déja employez, rend la faifie féodale nulle, puifqu'avant de faifir, le Sieur d'Antigny devoit faire fignifier un département de fa nomination des deux médiateurs, & notifier fon changement de volonté.

S'il ne vouloit pas prendre la peine de l'avertir de ce changement ; tout au moins après avoir faifi & formé une demande en commife, parce que le Supliant lui a préferé le Roi, devoit-il fe borner à une légitime défenfe, & fe contenter de combatre les raifons du Supliant, au lieu d'en ufer ainfi, il a rempli fes écrits d'injures atroces, il s'eft fervi d'expreffions violentes & emportées, contre un homme qui ne lui a jamais parlé qu'avec des termes mefurez & pleins de retenuë, & à qui il ne peut rien reprocher que d'avoir rendu au Souverain les devoirs de Fiefs qui lui font dûs.

Quoi donc, parce que ce Vaffal fidele rend fes devoirs au Seigneur de qui il reléve, qu'il obéit à la difpofition des Ordonnances, & fait ce que tout Sujet & Vaffal doit faire, le Sieur Marquis d'Antigny fe croira en droit de tenir fes revenus arrêtez depuis huit ans, & de l'infulter dans fes écrits ? Comment eft-ce qu'avec de pareils procédez il pouroit éviter & les dommages interêts, & les dépens aufquels il a donné lieu ?

Le Sieur Marquis d'Antigny ne s'eft enhardi à foutenir fon injufte prétention, qu'il eft impoffible qu'il ne connoiffe telle, que parce qu'il s'eft flaté d'une compenfation de dépens.

Le Supliant efpere au contraire que la Cour trouvant fa Caufe jufte en tous fes points, fondée fur la difpofition des Ordonnances, & d'une Loi particuliere de la Bourgogne, tandis que celle du Sieur Marquis d'Antigny n'a eu pour fondement que fon crédit, on lui ajugera & tous fes dépens, & les dommages interêts aufquels il avoit conclu en la Chambre du Domaine : oüi le Supliant a d'autant plus lieu de l'efperer, que la Cour eft fpécialement prépofée à la confervation des droits de la Couronne, & qu'il n'y a nulle aparance, qu'en prévenant les conféquences qui naîtroient de l'usurpation du Sieur Marquis d'Antigny, elle souffre que celui qui s'y opose en soit puni par la perte de son honneur, de son crédit & de son bien.

Ce considéré, NOSSEIGNEURS, il recourt à ce qu'il vous plaise lui donner acte de l'emploi qu'il fait de la présente pour plus ample réponse aux prétendus griefs du Sieur Marquis d'Antigny, & pour établir les fiens, & des conclusions qu'il prend, en restraignant celles qu'il avoit prises dans l'Apointement de conclusions, à ce que sans s'arrêter aux demandes, fins & conclusions de la Dame Marquise d'Antigny, ni à son apellation, faisant droit sur celle du Supliant, mettre icelle & ce dont est apel à néant, en ce qu'il n'a pas été prononcé sur la réparation & radiation des termes injurieux mentionnez dans les écrits du Sieur Marquis d'Antigny, notament dans sa Requéte du 14. Juillet 1732. en ce que les Parties ont été mises hors de Cour sur la demande en dommages intérêts résultans des saisies injurieuses, & en ce que le tiers des dépens a été compensé; corrigeant pour ce regard, ordonner que les termes injurieux inserez dans les écrits du Sieur Marquis d'Antigny, singulierement ceux par lesquels il acuse le Supliant de supofitions, d'être homme de mauvaise foi, ceux par lesquels il a avancé que le procédé du Supliant est un effet de son opiniâtreté & de sa mauvaise humeur, que jusqu'à présent il n'a suivi que l'esprit processif dont on sçait qu'il est agité, qu'il a marqué par des lettres à Madame la Marquise d'Antigny, qu'il est prêt de reprendre de Fief, mais à des conditions aussi ridicules qu'impertinentes, & que l'opiniâtreté insolente du Supliant doit le faire regarder avec indignation, & le faire condamner avec toute la severité qu'elle mérite, seront rayez & biffez, tant sur les originaux que sur les copies qui seront reprefentez à cet effet pardevant Commissaire de la Cour, dont Procès verbal sera dressé aux frais de la Dame Marquise d'Antigny, lui ordonner de faire signifier au Supliant un acte par lequel elle déclarera qu'elle est fâchée que le Sieur son époux ait fait écrire tous lesdits termes injurieux, & qu'elle les désaprouve en la qualité qu'elle agit; & pour plus ample réparation, la condamner pour lesdites injures en tels dommages interêts qu'il plaira à la Cour d'arbitrer.

Prononçant sur la demande en dommages interêts résultans des saisies injurieuses, condamner la Dame Marquise d'Antigny ausdits dommages interêts selon qu'ils seront reconnus en exécution, si mieux il ne plaît à la Cour les régler d'office à telle somme qu'elle jugera à propos.

Condamner pareillement ladite Marquise d'Antigny au tiers des dépens de la premiere instance qui ont été compensez, & aux dépens de la Cause d'apel.

Joindre la présente au Procès principal, ordonner à Partie d'y répondre dans un bref délai, sinon forclose, & ferez justice.

Signé LACOSTE Conseil, & LIGIER Procureur.

Monsieur BOUHIER DE LANTENAT *Commissaire.*

www.ingramcontent.com/pod-product-compliance
Ingram Content Group UK Ltd.
Pitfield, Milton Keynes, MK11 3LW, UK
UKHW020331130726
13696UKWH00003B/1270